AF346768

PHYSIOLOGIE
DU MARIAGE.

—

Le bonheur est la fin que doivent se proposer toutes les sociétés.

—

SAINT-DENIS. — IMPRIMERIE DE A. LECLAIRE.

PHYSIOLOGIE
DU MARIAGE

OU

MÉDITATIONS DE PHILOSOPHIE

ÉCLECTIQUE,

Sur le Bonheur et le Malheur conjugal,

PUBLIÉES

PAR DE BALZAC.

T. I.

DEUXIÈME ÉDITION.

PARIS.

OLLIVIER, LIBRAIRE-ÉDITEUR,

RUE SAINT-ANDRÉ-DES-ARTS, 33.

1834.

INTRODUCTION.

« Le mariage ne dérive point de la na-
» ture.——La famille orientale diffère en-
» tièrement de la famille occidentale. ——
» L'homme est le ministre de la nature, et
» la société vient s'enter sur elle.——Les
» lois sont faites pour les mœurs et les
» mœurs varient. » Le mariage peut donc
subir le perfectionnement graduel auquel
toutes les choses humaines paraissent soumises.

Ces paroles, prononcées devant le conseil-d'état par Napoléon, lors de la discus-

sion du Code civil, frappèrent vivement l'auteur de ce livre.

Peut-être, à son insu, mirent-elles en lui le germe de l'ouvrage qu'il offre aujourd'hui au public.

En effet, à l'époque où, beaucoup plus jeune, il étudia le droit français, le mot ADULTÈRE lui causa de singulières impressions.

Immense dans le Code, jamais ce mot n'apparaissait à son imagination sans traîner à sa suite un lugubre cortége. Les Larmes, la Honte, la Haine, la Terreur, des Crimes secrets, de sanglantes Guerres, des Familles sans chef, le Malheur, se personnifiaient devant lui et se dressaient soudain quand il lisait le mot sacramentel : — ADULTÈRE !

Plus tard, en abordant les plages les mieux cultivées de la société, l'auteur s'aperçut

que la sévérité des lois conjugales y était assez généralement tempérée par l'adultère. Il
trouva la somme des mauvais ménages su-
périeure de beaucoup à celle des mariages
heureux , et il crut remarquer , le premier ,
que , de toutes les connaissances humaines,
celle du mariage était la moins avancée.

Mais ce fut une observation de jeune
homme ; et, chez lui comme chez tant
d'autres, semblable à une pierre jetée au
sein d'un lac, elle se perdit dans le gouffre
de ses pensées tumultueuses.

Cependant l'auteur observa, malgré lui;
et il se forma lentement, dans son imagination, comme un essaim d'idées plus ou moins
justes·sur la nature des choses conjugales.
Les ouvrages se forment peut-être dans
les âmes aussi mystérieusement que pous-
sent les truffes au milieu des plaines par-
fumées du Périgord.

De la primitive et sainte frayeur que lui causa l'adultère et de l'observation qu'il avait étourdiment faite, naquit un matin la plus minime de toutes les pensées. C'était une raillerie sur le mariage. Deux époux s'aimaient pour la première fois après vingt-sept ans de ménage.

Il s'amusa de ce petit pamphlet conjugal et passa délicieusement une semaine toute entière à grouper autour de cette innocente épigramme, la multitude d'idées qu'il avait acquises à son insu et qu'il s'étonna de trouver en lui.

Mais ce badinage tomba devant une observation magistrale ; et, docile aux avis, l'auteur se rejeta dans l'insouciance de ses habitudes paresseuses.

Alors ce léger principe de science et de plaisanterie se perfectionna tout seul dans les champs de la pensée : chaque phrase de l'œuvre condamnée y prit racine, et s'y fortifia, restant comme une petite branche d'arbre qui, laissée sur le sable par une soirée d'hiver, se trouve couverte le lendemain de ces blanches et bizarres cristallisations que dessinent les gelées capricieuses de la nuit. Ainsi l'ébauche vécut et devint le point de départ d'une multitude de ramifications morales. Ce fut comme un polype qui s'engendra de lui-même.

Les sensations de sa jeunesse, les observations qu'une puissance importune lui faisait faire, trouvèrent des points d'appui dans les moindres événemens. Bien plus cette masse d'idées s'harmonia, s'anima, se personnifia presque et marcha dans les pays fantastiques où l'âme aime à faire vagabonder ses folles progénitures.

A travers les préoccupations du monde

et de la vie, il y avait toujours en l'auteur une voix qui lui faisait les révélations les plus moqueuses au moment même où il examinait avec le plus de plaisir une femme dansant, souriant, ou causant. De même que Méphistophélès montre du doigt, à Faust, dans l'épouventable assemblée du Broken, de sinistres figures ; de même l'auteur sentait un Démon qui, au sein d'un bal, venait lui frapper familièrement sur l'épaule et lui dire :

— Vois-tu, ce sourire enchanteur ? c'est un sourire de haine...

Tantôt le démon se pavanait comme un capitan des anciennes comédies de Hardy. Il secouait la pourpre d'un manteau brodé et s'efforçait de remettre à neuf les vieux clinquans et les oripeaux de la gloire.

Tantôt il poussait à la manière de Rabelais, un rire large et franc et traçait, sur

la muraille d'une rue, un mot qui pouvait
servir de pendant à celui de : — Trinque !
seul oracle obtenu de la dive bouteille.

Souvent ce Trilby littéraire se laissait
voir assis sur des monceaux de livres ; et,
de ses doigts crochus, il indiquait mali-
cieusement deux volumes jaunes dont le
titre flamboyait aux regards. Puis quand il
voyait l'auteur attentif il épelait d'une voix
aussi agaçante que les sons d'un harmo-
nica : —PHYSIOLOGIE DU MARIAGE.

Mais presque toujours, il apparaissait,
le soir, au moment des songes. Alors,
caressant comme une fée, il essayait d'ap-
privoiser, par de douces paroles, l'âme
qu'il s'était soumise. Aussi railleur que
séduisant, aussi souple qu'une femme, aussi
cruel qu'un tigre, son amitié était plus
redoutable que sa haine ; car il ne savait
pas faire une caresse sans égratigner.

Une nuit entr'autres, il esssaya la puissance de tous ses sortilèges et les couronna par un dernier effort. Il vint, il s'assit sur le bord du lit, comme une jeune fille pleine d'amour, qui d'abord se tait ; mais dont les yeux brillent, et à laquelle son secret finit par échapper.

— Ceci, dit-il, est le prospectus d'un scaphandre, au moyen duquel on pourra se promener sur la Seine à pied sec. Cet autre volume est le rapport de l'Institut sur un vêtement propre à nous faire traverser les flammes sans nous brûler. Ne proposeras-tu donc rien qui puisse préserver le mariage des malheurs du froid et du chaud ? — Mais, écoute ?... Voici L'ART DE CONSERVER LES SUBSTANCES ALIMENTAIRES, L'ART D'EMPÊCHER LES CHEMINÉES DE FUMER, L'ART DE FAIRE DE BONS MORTIERS, L'ART DE METTRE SA CRAVATE, L'ART DE DÉCOUPER LES VIANDES,

(Il nomma en une minute, un nombre si prodigieux de livres que l'auteur en eut comme un éblouissement). — Ces myriades de livres ont été dévorées, disait-il, et cependant tout le monde ne bâtit pas et ne mange pas, tout le monde n'a pas de cravate et ne se chauffe pas, tandis que tout le monde se marie un peu !... Mais tiens, vois ?...

Alors sa main fit un geste, et sembla découvrir dans le lointain, un océan où tous les livres du siècle se remuaient comme par des mouvemens de vagues. Les in-18 ricochaient; les in-8° qu'on jetait rendaient un son grave, allaient au fond et ne remontaient que bien péniblement, empêchés par des in-12 et des in-32 qui foisonnaient et se résolvaient en mousse légère. Les lames furieuses étaient chargées de journalistes, de protes, de papetiers, d'apprentis, de commis, d'imprimeurs, dont on ne voyait que les têtes, pêle-mêle avec les livres. Des milliers de voix criaient comme celles des écoliers au bain. Allaient et venaient dans leurs canots quelques hommes occupés à pêcher les livres et à les apporter au rivage devant un grand homme dédaigneux, vêtu de noir, sec et froid : c'étaient les libraires et le public. Du doigt le Démon montra un esquif nouvellement pavoisé, cinglant à pleines voiles et portant une affiche en guise de pavillon ; puis, poussant un rire sardonique, il lut d'une voix perçante : — PHYSIOLOGIE DU MARIAGE.

L'auteur devint amoureux et le diable le laissa tranquille, car il aurait eu affaire à trop forte partie s'il était revenu dans un logis habité par une femme.

Quelques années se passèrent, sans autres tourmens que ceux de l'amour, et l'auteur put se croire guéri d'une infirmité par une autre.

Mais un soir il se trouva dans un salon de Paris, où l'un des hommes, qui faisaient partie du cercle décrit devant la cheminée par quelques personnes, prit la parole et dit d'une voix sépulcrale :

« Un fait eut lieu à Gand, au moment où j'y étais. Attaquée d'une maladie mortelle, une dame, veuve depuis dix ans, gisait dans son lit. Son dernier soupir était attendu par trois héritiers collatéraux qui ne la quittaient pas, de peur qu'elle ne fît un testament au profit du Béguinage de la ville. La malade gardait le silence, paraissait assoupie, et la mort semblait s'emparer lentement de son visage muet et livide.

» Voyez-vous au milieu d'une nuit d'hiver les trois parens, silencieusement assis devant le lit ? Une vieille garde-malade est là qui hoche la tête, et le médecin voyant avec anxiété la maladie arriver à son dernier période, tient son chapeau d'une main, et de l'autre fait un geste aux parens, comme pour leur dire : —Je n'ai plus de visites à vous faire.

» Un silence solennel permettait d'entendre les sifflemens sourds d'une pluie de neige qui fouettait sur les volets. De peur que les yeux de la mourante ne fussent blessés par la lumière, le plus jeune des héritiers avait adapté un garde-vue à la bougie placée près du lit, de sorte que le cercle lumineux du flambeau atteignait à peine à l'oreiller funèbre sur lequel la figure jaunie de la malade se détachait comme un Christ mal doré sur une croix d'argent terni. Alors les lueurs ondoyantes jetées par les flammes bleues d'un pétillant foyer, éclairaient seules cette chambre sombre où allait se dénouer un drame.

» En effet un tison roula tout-à-coup du foyer sur le parquet comme pour présager un événement.

» A ce bruit, la malade se dresse brusquement sur son séant et ouvre deux yeux aussi clairs que ceux d'un chat. Tout le monde étonné la contemple. Elle regarde le tison marcher; et, avant que personne eût songé à s'opposer au mouvement inattendu produit par une sorte de délire, elle saute hors son lit, saisit les pincettes, et rejette le charbon dans la cheminée. La garde, le médecin, les parens, s'élancent et la prennent dans leurs bras. Elle est recouchée, elle pose la tête sur le chevet ; et quelques minutes sont à peine écoulées, qu'elle meurt, gardant même après sa mort, son regard fixement arrêté sur la feuille de parquet, à laquelle avait touché le tison.

» A peine la comtesse Van-Ostroëm eut-elle expiré, que les trois co-héritiers se jetèrent un coup-d'œil de méfiance, et, ne pensant déjà plus à leur tante, se montrèrent le mystérieux parquet. Comme c'étaient des Hollandais, le calcul fut chez eux aussi prompt que leurs regards. Il fut convenu, par trois mots prononcés à voix basse, qu'aucun d'eux ne quitterait la chambre. Un laquais alla chercher un ouvrier ; et, les âmes collatérales palpitèrent vivement, quand, réunis autour de ce riche parquet, les trois Belges virent un petit apprenti donner le premier coup de ciseau. Le bois est tranché !...

» — Ma tante a fait un geste !... dit le plus jeune des héritiers.

»—Non, c'est un effet des ondulations de la lumière !... répondit le plus âgé qui avait à la fois l'œil sur le trésor et sur la morte.

» Ils trouvèrent, précisément à l'endroit où le tison avait roulé, une masse artistement enveloppée d'une couche de plâtre.

» — Allez !... dit le vieux co-héritier.

» Le ciseau de l'apprenti fit sauter une tête humaine, et je ne sais quel vestige d'habillement leur fit reconnaître le comte que toute la ville croyait mort à Java et dont la perte avait été vivement pleurée par sa femme. »

Le narrateur de cette vieille histoire était un grand homme sec, à l'œil fauve, à cheveux bruns... L'auteur crut apercevoir de vagues ressemblances entre lui et le démon qui, jadis, l'avait tant tourmenté ; mais l'étranger n'avait pas le pied fourchu. Tout-à-coup le mot ADULTÈRE sonna aux oreilles de l'auteur ; et alors, cette espèce de cloche réveilla, dans son imagination, les figures les plus lugubres du cortége qui, naguère, défilait à la suite de ces prestigieuses syllabes.

A compter de cette soirée, les persécutions fantasmagoriques d'un ouvrage qui n'existait pas recommencèrent ; et, à aucune époque de sa vie, l'auteur ne fut assailli d'autant d'idées fallacieuses sur le fatal sujet de ce livre. Mais il résista courageusement à l'Esprit, bien que ce dernier rattachât les moindres événemens de la vie à cet œuvre inconnue, et que, semblable à un commis de la douane, il plombât tout de son chiffre.

Quelques jours après, l'auteur se trouva dans la compagnie de deux dames. La première avait été une des plus humaines et des plus spirituelles femmes de la cour de Napoléon. Arrivée jadis à une haute position sociale, la restauration l'y surprit, et l'en renversa. Alors elle s'était fait ermite. La seconde, jeune et belle, jouait en ce moment, à Paris, le rôle d'une femme à la mode.

Elles étaient amies, parce que l'une ayant quarante ans et l'autre vingt-deux, leurs prétentions mettaient rarement en présence leur vanité sur le même terrain. L'auteur étant sans conséquence pour l'une des deux dames, et l'autre l'ayant deviné, elles continuèrent en sa présence une conversation assez franche qu'elles avaient commencée sur leur métier de femme.

— Avez-vous remarqué, ma chère,

que les femmes n'aiment en général que des sots ?

— Que dites-vous donc là , duchesse ? et comment accorderez-vous cette remarque avec l'aversion qu'elles ont pour leurs maris ?

— Mais c'est une tyrannie ! se dit l'auteur. Voilà donc maintenant le diable en cornette ?...

—Non , ma chère , je ne plaisante pas ! reprit la duchesse , et il y a de quoi faire frémir pour soi-même, depuis que j'ai contemplé un peu plus froidement les personnes que j'ai connues autrefois. L'esprit a toujours un brillant qui nous blesse , et l'homme qui en a beaucoup nous effraye peut-être. S'il est fier, il ne sera pas jaloux et alors il ne saurait nous plaire. Enfin nous aimons peut-être mieux élever un homme

jusqu'à nous, que de monter jusqu'à lui...
Le talent a bien des succès à nous faire partager, mais le sot donne des jouissances ;
et nous préférons toujours entendre dire :
— Voilà un bien bel homme ! à voir notre amant aller à l'Institut.

— En voilà bien assez, duchesse ! Vous m'avez épouvantée.

Et la jeune coquette se mettant à faire les portraits des amans dont raffolaient toutes les femmes de sa connaissance, n'y trouva pas un seul homme d'esprit.

— Mais, par ma vertu, dit-elle, leurs maris valent mieux.....

— Ce sont leurs maris ! répondit gravement la duchesse.

— Mais, demanda l'auteur, l'infortune dont un mari est menacé en France, est-elle donc inévitable ?

— Oui ! répondit la duchesse en riant.

Et l'acharnement de certaines femmes,
contre celles qui ont l'heureux malheur
d'avoir une passion, prouve combien la
chasteté leur est à charge. Sans la peur du
diable, l'une serait Laïs; l'autre doit sa
vertu à la sécheresse de son cœur; celle-
là à la manière sotte dont s'est comporté
son premier amant; celle-là.....

L'auteur arrêta le torrent de ses révélations, en faisant part aux deux dames du
projet d'ouvrage par lequel il était persé-
cuté. Elles y sourirent, et promirent beaucoup de conseils. La plus jeune fournit
gaîment un des premiers capitaux de l'entreprise, en disant qu'elle se chargeait de
prouver mathématiquement que les femmes entièrement vertueuses étaient des
êtres de raison.

Alors, rentré chez lui, l'auteur dit à

son Démon : — Arrive? Je suis prêt. —
Signons le pacte !

Le Démon ne revint plus.

Si l'auteur écrit ici la biographie de son
livre, ce n'est par aucune inspiration de fa-
tuité. Il raconte des faits qui pourront servir à l'histoire de la pensée humaine et qui
expliqueront sans doute l'ouvrage même.

Il n'est peut-être pas indifférent à certains anatomistes de la pensée de savoir que
l'âme est femme. Ainsi, tant que l'auteur
s'interdisait de penser au livre qu'il devait
faire, le livre se montrait écrit partout. Il
en trouvait une page sur le lit d'un malade,
une autre sur le canapé d'un boudoir. Les regards des femmes quand elles tournoyaient
emportées par une valse, lui jetaient des
pensées ; un geste, une parole, fécondaient
son cerveau dédaigneux.

Le jour où il se dit : — Cet ouvrage qui m'obsède, se fera !... tout a fui ; et, comme les trois Hollandais, il releva un squelette, là où il se baissait pour saisir un trésor.

Une douce et pâle figure succéda au Démon tentateur. Elle avait des manières engageantes et de la bonhomie. Ses représentations étaient désarmées des pointes aiguës de la critique. Elle prodiguait plus de mots que d'idées, et semblait avoir peur du bruit.

C'était peut-être le génie familier des honorables députés qui siègent au centre de la chambre.

— Ne vaut-il pas mieux, disait-elle, laisser les choses comme elles sont?

Vont-elles donc si mal ?

Il faut croire au mariage comme à l'immortalité de l'âme ; et vous ne faites certainement pas un livre pour vanter le bonheur conjugal.

D'ailleurs vous conclurez sans doute d'après un millier de ménages parisiens qui ne sont que des exceptions.

Vous trouverez peut-être des maris disposés à vous abandonner leurs femmes ; mais aucun fils ne vous abandonnera sa mère.....

Quelques personnes blessées par les opinions que vous professerez, soupçonneront vos mœurs, calomnieront vos intentions.

Enfin, pour toucher aux écrouelles sociales, il faut être Roi, ou tout au moins Premier Consul.

Quoiqu'elle apparût sous la forme qui pouvait plaire le plus à l'auteur, la Raison ne fut point écoutée ; car dans le lointain la Folie agitait la marotte de Panurge, et il voulait s'en saisir. Quand il essaya de la prendre, il se trouva qu'elle était aussi lourde que la massue d'Hercule. D'ailleurs, le curé de Meudon l'avait garnie de manière à ce qu'un jeune homme, qui se pique moins de bien faire un livre, que d'être bien ganté, ne pouvait vraiment pas y toucher.

— Notre ouvrage est-il fini? demanda un matin la plus jeune des deux complices féminins de l'auteur.

— Hélas! madame, me récompense-rez-vous de toutes les haines qu'il pourra soulever contre moi?

Elle fit un geste, et alors l'auteur répondit à son indécision par une expression d'insouciance.

— Quoi! vous hésiteriez? publiez-le, n'ayez pas peur. Aujourd'hui nous prenons un livre bien plus pour la façon que pour l'étoffe.

Quoique l'auteur ne se donne ici que pour l'humble secrétaire de deux dames, il a, tout en coordonnant leurs observations, accompli plus d'une tâche. Une seule peut-être était restée au sujet du mariage : celle de recueillir les choses que tout le monde pense et que personne n'exprime; mais aussi, faire un livre avec l'esprit de tout le monde, n'est-ce pas s'exposer à ce qu'il ne plaise à personne?

Cependant l'éclectisme de ce livre le sauvera peut-être. Tout en raillant, l'auteur a essayé de populariser quelques idées consolantes. Il a presque toujours tenté de réveiller des ressorts inconnus dans l'âme humaine. Tout en prenant la défense des intérèts les plus matériels, les jugeant ou les condamnant, il aura peut-être fait apercevoir plus d'une jouissance intellectuelle.

Mais l'auteur n'a pas la sotte prétention d'avoir toujours réussi à faire des plaisanteries de bon goût; seulement il a compté sur la diversité des esprits, pour recevoir autant de blâme que d'approbation. La matière était si grave, qu'il a constamment essayé de *l'anecdoter*, puisqu'aujourd'hui les anecdotes sont le passeport de toute morale et l'anti-narcotique de tous les livres.

Dans celui-ci, où tout est analyse et observation, la fatigue chez le lecteur et le MOI chez l'auteur était inévitables. C'est un des malheurs les plus grands qui puissent arriver à un ouvrage, et l'auteur ne se l'est pas dissimulé. Alors il a disposé les rudimens de son livre de manière à ménager des haltes au lecteur. Ce système a été consacré par un écrivain qui faisait sur le GOUT un travail assez semblable à celui dont il s'occupait sur le MARIAGE , et auquel il se permettra d'emprunter quelques paroles pour exprimer une pensée qui leur est commune. Ce sera une sorte d'hommage rendu à son devancier dont la mort a suivi de si près le succès.

« Quand j'écris et parle de moi, au sin-
» gulier, cela suppose une confabulation
» avec le lecteur ; il peut examiner, dis-
» cuter, douter et même rire ; mais, quand
» je m'arme du redoutable NOUS je professe,
» il faut se soumettre. » (*Brillat-Savarin*, préface de la PHYSIOLOGIE DU GOUT.)

DE BALZAC.

15 décembre 1829.

PREMIÈRE PARTIE.

CONSIDÉRATIONS GÉNÉRALES.

> Nous parlerons contre les lois insensées jusqu'à ce qu'on les réforme, et en attendant nous nous y soumettrons aveuglément.
>
> (*Supplément au Voyage de Bougainville.*)
>
> DIDEROT.

MÉDITATION I.

Le Sujet.

Physiologie, que me veux-tu?

Ton but est-il de nous démontrer que le mariage unit, pour toute la vie, deux êtres qui ne se connaissent pas?

Que la vie est dans la passion et qu'aucune passion ne résiste au mariage?

Que le mariage est une institution nécessaire au maintien des sociétés, mais qu'il est
contraire aux lois de la nature ?

Que le divorce, cet admirable palliatif aux
maux du mariage, sera unanimement redemandé ?

Que, malgré tous ses inconvéniens, le mariage est la source première de la propriété ?

Qu'il offre d'incalculables gages de sécurité
aux gouvernemens ?

Qu'il y a quelque chose de touchant dans
l'association de deux êtres pour supporter les
peines de la vie ?

Qu'il y a quelque chose de ridicule à vouloir qu'une même pensée dirige deux volontés ?

Que la femme est traitée en esclave ?

Qu'il n'y a pas de mariages entièrement heureux ?

Que le mariage est gros de crimes, et que
les assassinats connus ne sont pas les pires ?

Que la fidélité est impossible, au moins à
l'homme ?

Qu'une expertise, si elle pouvait s'établir,
prouverait plus de troubles que de sécurité

dans la transmission patrimoniale des propriétés?

Que l'adultère occasione plus de maux que
le mariage ne procure de biens ?

Que l'infidélité de la femme remonte aux
premiers temps des sociétés, et que le mariage a résisté à cette perpétuité de fraudes ?

Que les lois de l'amour attachent si fortement deux êtres, qu'aucune loi humaine ne
saurait les séparer ?

Que s'il y a des mariages écrits sur les re-
gistres de l'officialité, il y en a de formés par
les vœux de la nature, par une douce confor-
mité ou par une entière dissemblance dans la
pensée, et par des conformations corporelles ;
qu'ainsi le ciel et la terre se contrarient sans
cesse ?

Qu'il y a des maris riches de taille et d'esprit supérieur, dont les femmes ont des amans
fort laids, petits ou stupides ?....

Toutes ces questions fourniraient au besoin
des livres ; mais ces livres sont faits et les questions résolues.

Physiologie, que me veux-tu ?

Révèles-tu des principes nouveaux ? Viens-tu prétendre qu'il faut mettre les femmes en commun ? Lycurgue et quelques peuplades grecques, des Tartares et des sauvages, l'ont essayé.

Serait-ce qu'il faut les renfermer ? Les Ottomans l'ont fait et ils les remettent aujourd'hui en liberté.

Serait-ce qu'il faut marier les filles sans dot et les exclure du droit de succéder ?... Des auteurs anglais et des moralistes ont prouvé que c'était, avec le divorce, le moyen le plus sûr de rendre les mariages heureux.

Serait-ce qu'il faut une petite Agar dans chaque ménage? Il n'est pas besoin de loi pour cela. L'article du Code qui prononce des peines contre la femme adultère, en quelque lieu que le crime soit commis, et celui qui ne punit un mari qu'autant que sa concubine habite sous le toit conjugal, admettent implicitement des maîtresses en ville.

Sanchez a disserté sur tous les cas pénitentiaires du mariage; il a même argumenté sur la légitimité, sur l'opportunité de chaque plaisir; il a tracé tous les devoirs moraux, religieux, corporels des époux; bref, son ouvrage formerait douze volumes in-8° si l'on réimprimait ce gros in-folio intitulé *de Matrimonio*.

Des nuées de jurisconsultes ont lancé des nuées de traités sur les difficultés légales qui naissent du mariage. Il existe même des ouvrages sur le congrès judiciaire.

Des légions de médecins ont fait paraître des légions de livres sur le mariage dans ses rapports avec la chirurgie et la médecine.

Au dix-neuvième siècle, la Physiologie du Mariage est donc une insignifiante compilation ou l'œuvre d'un niais écrite pour d'autres niais : de vieux prêtres ont pris leurs balances d'or et pesé les moindres scrupules; de vieux jurisconsultes ont mis leurs lunettes et distingué toutes les espèces; de vieux médecins ont pris le scalpel et l'ont promené sur toutes les plaies; de vieux juges ont monté sur leur siége et jugé tous les cas redhibitoires ; des générations entières ont passé en jetant leurs cris de joie ou de douleur ; chaque siècle a lancé son vote dans l'urne ; le Saint-Esprit, les poètes, les écrivains, ont tout enregistré depuis Ève jusqu'à la guerre de Troie, depuis Hélène jusqu'à madame de Maintenon, depuis la femme de Louis XIV jusqu'à la Contemporaine.

Physiologie, que me veux-tu donc?

Voudrais - tu par hasard nous présenter des tableaux plus ou moins bien dessinés pour nous convaincre qu'un homme se marie :

Par Ambition... cela est bien connu ;

Par Bonté, pour arracher une fille à la ty-rannie de sa mère ;

Par Colère, pour déshériter des collatéraux ;

Par Dédain d'une maîtresse infidèle ;

Par Ennui de la délicieuse vie de garçon ;

Par Folie, c'en est toujours une ;

Par Gageure, c'est le cas le plus rare ;

Par Honneur, comme Georges Dandin ?

Par Intérêt, mais c'est toujours ainsi ;

Par Jeunesse, au sortir du collège, en étourdi ;

Par Laideur, en craignant de manquer de femme un jour ;

Par Machiavélisme, pour hériter prompte-ment d'une vieille ;

Par Nécessité, pour donner un état à son fils ;

Par Obligation, la demoiselle ayant été faible ;

Par Passion, pour s'en guérir plus sûrement ;

Par Querelle, pour finir un procès ;

Par Reconnaissance, c'est donner plus qu'on n'a reçu ;

Par Sagesse, cela arrive encore aux doctrinaires ;

Par Testament, quand un oncle mort vous grève son héritage d'une fille à épouser ;

Par Vieillesse, pour faire une fin ;

Par Usage, à l'imitation de ses aïeux ;

Par zèle, comme le duc de Saint-Aignan, qui ne voulait pas commettre de péchés.

Mais ces accidens-là ont fourni les sujets de trente mille comédies et de cent mille romans.

Physiologie, pour la troisième et dernière fois, que me veux-tu ?

Ici tout est banal comme les pavés d'une rue, vulgaire comme un carrefour. Le mariage est plus connu que Barrabas de la Passion ; toutes les vieilles idées qu'il réveille roulent dans les littératures depuis que le monde est monde, et il n'y a pas d'opinion utile et de projet saugrenu qui n'aient été trouver un auteur, un imprimeur, un libraire et un lecteur.

Permettez-moi de vous dire comme Rabelais, notre maître à tous : — « Gens de bien, Dieu

« vous sauve et vous garde ! Où êtes-vous ? je
« ne peux vous voir. Attendez que je chausse
« mes lunettes. Ah! ah! je vous vois. Vous,
« vos femmes, vos enfans, êtes en santé désirée?
« — Cela me plaît. »

Mais ce n'est pas pour vous que j'écris? Puisque vous avez de grands enfans, tout est dit.

« Ah! c'est vous, buveurs très-illustres,
« vous goutteux très-prétieux et vous croûtes-
« levés infatigables, mignons poivrés, qui
« pantagruelisez tout le jour, qui avez des
« pies privées bien guallantes, et allez à
« tierce, à sexte, à nônes, et pareillement à
« vêpres, à complies, qui iriez voirement
« toujours. »

Ce n'est pas à vous que s'adresse la Physiologie du Mariage, puisque vous n'êtes pas mariés. Ainsi soit-il toujours !

« Vous tas de serrabaites, cagotz, escar-
« gotz, hypocrites, caphartz, frapartz, boti-
« neurs, romipetes et autres telles gens qui
« se sont déguisés comme masques, pour
« tromper le monde!... arrière mastins, hors de
« la quarrière? hors d'ici cerveaux à bourre-
« let!...De par le diable, êtes-vous encore là !...»

Alors il ne me reste plus, peut-être, que de bonnes âmes aimant à rire. Non de ces pleurards qui veulent se noyer à tout propos en vers et en prose, qui font les malades en odes, en sonnets, en méditations ; non de ces songes-creux en toute sorte, mais quelques-uns de ces anciens pantagruelistes qui n'y regardent pas de si près quand il s'agit de banqueter et de goguenarder, qui trouvent du bon dans le livre *des pois au lard, cum commento,* de Rabelais, dans celui *de la dignité des Braguettes,* et qui estiment ces beaux livres de haulte gresse, legiers au prochas, hardis à la rencontre.

L'on ne peut guères plus rire du gouvernement, mes amis, depuis qu'il a trouvé le moyen de lever quinze cents millions d'impôts. Les papegaux, les évegaux, les moines et moinesses ne sont pas encore assez riches pour qu'on puisse boire chez eux ; mais arrive saint Michel qui chassa le diable du ciel, et nous verrons peut-être le bon temps revenir ! Partant, il ne nous reste en ce moment que le mariage en France qui soit matière à rire. Disciples de Panurge, de vous seuls je veux pour lecteurs. Vous savez prendre et quitter un livre à propos, faire du plus aisé, comprendre à demi-mot et tirer nourriture d'un os médullaire.

Ces gens à microscope, qui ne voient qu'un point, les censeurs enfin, ont-ils bien tout dit, tout passé en revue, ont-ils prononcé en dernier ressort qu'un livre sur le mariage est aussi impossible à exécuter qu'une cruche cassée à rendre neuve?—Oui, maître-fou. Pressurez le mariage, il n'en sortira jamais rien que du plaisir pour les garçons et de l'ennui pour les maris. C'est la morale éternelle. Un million de pages imprimées n'auront pas d'autre substance.

Cependant voici ma première proposition :

Le mariage est un combat à outrance avant lequel les deux époux demandent au ciel sa bénédiction, parce que s'aimer toujours est la plus téméraire des entreprises. Le combat ne tarde pas à commencer, et la victoire, c'est-à-dire la liberté, demeure au plus adroit.

D'accord. Où voyez-vous là une conception neuve?

Eh bien! je m'adresse aux mariés d'hier et d'aujourd'hui, à ceux qui, en sortant de l'église ou de la municipalité, conçoivent l'espé-

rance de garder leurs femmes pour eux seuls ;
à ceux à qui je ne sais quel égoïsme ou quel
sentiment indéfinissable fait dire à l'aspect des
malheurs d'autrui : — Cela ne m'arrivera pas
à moi !

Je m'adresse à ces marins qui, après avoir
vu des vaisseaux sombrer, se mettent en mer ;
à ces garçons qui, après avoir causé le nau-
frage de plus d'une vertu conjugale, osent se
marier.

Et voici le sujet :

Un jeune homme, un vieillard peut-être,
amoureux ou non, vient d'acquérir par un
contrat bien et dûment enregistré à la mairie,
dans le ciel et sur les contrôles du domaine,
une jeune fille à longs cheveux, aux yeux
noirs et humides, aux petits pieds, aux doigts
mignons et effilés, à la bouche vermeille, aux
dents d'ivoire, bien faite, toute frémissante,
appétissante et toute pimpante, blanche comme
un lys, comblée des trésors les plus désirables
de la beauté : ses cils baissés ressemblent aux
dards de la couronne de fer; sa peau, tissu aussi
frais que la corolle d'un camélia blanc, est nuan-
cée de la pourpre des camélia rouges ; sur son

teint virginal l'œil croit voir la fleur d'un jeune fruit et le duvet imperceptible d'une pêche diaprée; l'azur des veines distille une riche chaleur à travers ce réseau clair; elle demande et donne la vie; elle est toute joie et tout amour, toute gentillesse et toute naïveté. Elle aime son époux ou du moins croit l'aimer...

L'amoureux mari a dit dans le fond de son cœur : « Ces yeux ne verront que moi, cette bouche ne frémira d'amour que pour moi, cette douce main ne versera les chatouilleux trésors de la volupté que sur moi, ce sein ne palpitera qu'à ma voix, cette âme endormie ne s'éveillera qu'à ma volonté; je serai seul à plonger mes doigts dans ces tresses brillantes, seul je promènerai de rêveuses caresses sur cette tête frissonnante. Je ferai veiller la Mort à mon chevet pour défendre l'accès du lit nuptial à l'étranger ravisseur; ce trône de l'amour nagera dans le sang des imprudens ou dans le mien. Repos, honneur, félicité, liens paternels, fortune de mes enfans, tout est là; je veux tout défendre comme une lionne ses petits. Malheur à qui mettra le pied dans mon antre! »

Eh bien, courageux athlète, nous applaudissons à ton dessein. Jusqu'ici nul géomètre n'a osé tracer des lignes de longitude et de latitude sur la mer conjugale : les vieux maris ont eu vergogne d'indiquer les bancs de sable, les récifs, les écueils, les brisans, les moussons, les côtes et les courans, qui ont détruit leurs barques, tant ils avaient honte de leurs naufrages. Il manquait un guide, une boussole aux pèlerins mariés... Cet ouvrage est destiné à leur en servir.

Sans parler des épiciers et des drapiers, il existe tant de gens qui sont trop occupés pour perdre du temps à chercher les raisons secrètes qui font agir les femmes, que c'est une œuvre charitable que de leur classer par titres et par chapitres toutes les situations secrètes du mariage. Une bonne table des matières leur permettra de mettre le doigt sur les mouvemens du cœur de leurs femmes, comme la table des logarithmes leur apprend le produit d'une multiplication.

Eh bien, que vous en semble ? N'est-ce pas une entreprise neuve et à laquelle tout philosophe a renoncé que de montrer comment on peut empêcher une femme de tromper son mari ? N'est-ce pas la comédie des comédies ? N'est-ce pas un autre *speculum vitæ humanæ?* Il ne s'agit plus de ces questions oiseuses dont nous avons fait justice dans cette Méditation. Aujourd'hui, en morale comme dans les sciences exactes, le siècle demande des faits, des observations. Nous en apportons.

Commençons donc par examiner le véritable état des choses, par analyser les forces de chaque parti. Avant d'armer notre champion imaginaire, calculons le nombre de ses ennemis, comptons les cosaques qui veulent envahir sa petite patrie.

S'embarque avec nous qui voudra, rira qui pourra. Levez l'ancre, hissez les voiles! Vous savez de quel petit point rond vous partez? C'est un grand avantage que nous avons sur bien des livres.

Quant à notre fantaisie de rire en pleurant et de pleurer en riant, comme le divin Rabelais buvait en mangeant et mangeait en buvant ; quant à notre manie de mettre Héraclite et Démocrite dans la même page, de n'avoir ni style, ni préméditation de phrase.... si quelqu'un de l'équipage en murmure?... Hors du tillac les vieux cerveaux à bourrelet, les classiques en maillot, les romantiques en linceul, et vogue la galère!

Tout ce monde-là nous reprochera peut-être de ressembler à ceux qui disent d'un air joyeux : « Je vais vous conter une histoire qui vous fera rire!... » Il s'agit bien de plaisanter quand on parle de mariage? Ne devinez-vous pas que nous le considérons comme une légère maladie à laquelle nous sommes tous sujets, et que ce livre en est la monographie?

— Mais vous, votre galère ou votre ouvrage, avez l'air de ces postillons qui, en partant d'un relais, font claquer leur fouet parce qu'ils mènent des Anglais. Vous n'aurez pas couru au grand galop pendant une demi-lieue que vous descendrez pour remettre un trait ou laisser souffler vos chevaux. Pourquoi sonner de la trompette avant la victoire?

— Hé! chers pantagruelistes, il suffit aujourd'hui d'avoir des prétentions à un succès pour l'obtenir; et, comme après tout, les grands ouvrages ne sont peut-être que de petites idées bien développées, je ne vois pas pourquoi je ne chercherais pas à cueillir des lauriers, ne fût-ce que pour couronner ces tant salés jambons qui nous aideront à humer le piot.

— Un instant, pilote ? Ne partons pas sans faire une petite définition.

Lecteurs, si vous rencontrez de loin en loin, comme dans le monde, les mots de *vertu* ou de *femmes vertueuses* en cet ouvrage, convenons que la vertu sera cette pénible facilité avec laquelle une épouse réserve son cœur à un mari ; à moins que le mot ne soit employé dans un sens général, distinction qui est abandonnée à la sagacité naturelle de chacun.

MÉDITATION II.

Statistique conjugale.

L'ADMINISTRATION s'est occupée depuis vingt ans environ à chercher combien le sol de la France contient d'hectares de bois, de prés, de vignes, de jachères. Elle ne s'en est pas tenue là et a voulu connaître le nombre et la nature des animaux. Les savans ont été plus

loin. Ils ont compté les stères de bois, les ki-
logrammes de bœuf, les litres de vin, les pommes et les œufs consommés à Paris. Mais personne ne s'est encore avisé, soit au nom de
l'honneur marital, soit dans l'intérêt des gens
à marier, soit au profit de la morale et de la per-
fectibilité des institutions humaines, d'examiner le nombre des femmes honnêtes. Quoi !
le ministère français interrogé pourra répondre qu'il a tant d'hommes sous les armes,
tant d'espions, tant d'employés, tant d'écoliers; et quant aux femmes vertueuses…? néant.
S'il prenait à un roi de France la fantaisie de
chercher son auguste compagne parmi ses sujettes, l'administration ne pourrait même pas
lui indiquer le gros de brebis blanches au sein
duquel il aurait à choisir ; elle serait obligée
d'en venir à quelque institution de Rosière, ce
qui apprêterait à rire.

Les anciens seraient-ils donc nos maîtres
en institutions politiques comme en morale ?
L'histoire nous apprend qu'Assuérus, voulant
prendre femme parmi les filles de Perse,
choisit Esther, la plus vertueuse et la plus
belle. Ses ministres avaient donc nécessaire-

ment trouvé un mode quelconque d'écrémer la population. Malheureusement la Bible, si claire sur toutes les questions matrimoniales, a omis de nous donner cette loi d'élection conjugale.

Essayons de suppléer à ce silence de l'administration, en établissant le décompte du sexe féminin en France. Ici, nous réclamons l'attention de tous les amis de la morale publique, et nous les instituons juges de notre manière de procéder. Nous tâcherons d'être assez généreux dans nos évaluations, assez exact dans nos raisonnemens, pour faire admettre par tout le monde le résultat de cette analyse.

On compte généralement trente millions d'habitans en France.

Quelques naturalistes pensent que le nombre des femmes surpasse celui des hommes ; mais comme beaucoup de statisticiens sont de l'opinion contraire, nous prendrons le calcul le plus vraisemblable en admettant quinze millions de femmes.

Nous commencerons par retrancher de cette somme totale environ neuf millions de créatures qui, au premier abord, semblent avoir assez de ressemblance avec la femme, mais qu'un examen approfondi nous a contraint de rejeter.

Expliquons-nous.

Les naturalistes ne considèrent en l'homme qu'un genre unique de cet ordre de Bimanes, établi par Duméril, dans sa Zoologie analytique, page 16, et auquel Bory-Saint-Vincent a cru devoir ajouter le genre Orang, sous prétexte de le compléter.

Si ces zoologistes ne voient en nous qu'un mammifère, à trente-deux vertèbres, ayant un os hyoïde, possédant plus de plis que tout autre animal dans les hémisphères du cerveau ; si, pour eux, il n'existe d'autres différences dans cet ordre que celles qui sont introduites par l'influence des climats, lesquelles ont fourni la nomenclature de quinze espèces dont il est inutile de citer les noms scientifiques, le physiologiste doit avoir aussi le droit d'établir ses genres et ses sous-genres, d'après certains degrés d'intelligence et certaines conditions d'existence morale et pécuniaire.

Or, les neuf millions d'êtres, dont il est ici question, offrent bien au premier aspect tous les caractères attribués à l'espèce humaine : ils ont l'os hyoïde, le bec coracoïde, l'acromion et l'arcade zygômatique, permis donc à ces messieurs du Jardin des Plantes de les classer dans le genre Bimane ; mais que ce soient des femmes !..... voilà ce que notre physiologie n'admettra jamais.

Pour nous et pour ceux auxquels ce livre est destiné, une femme est une variété rare dans le genre humain, et dont voici les principaux caractères physiologiques.

Cette espèce est due aux soins particuliers que les hommes ont pu donner à sa culture, grâce à la puissance de l'or et à la chaleur morale de la civilisation.

Elle se reconnaît généralement à la blancheur, à la finesse, à la douceur de sa peau. Son penchant la porte à une exquise propreté. Ses doigts ont horreur de rencontrer autre chose que des objets doux, moëlleux, parfumés. Comme l'hermine, elle meurt quelquefois de douleur de voir souiller sa blanche tunique. Elle aime à lisser ses cheveux, à leur faire exhaler des odeurs enivrantes ; à brosser ses ongles roses, à les couper en amande : à

baigner souvent ses membres délicats. Elle ne
se plaît pendant la nuit que sur le duvet le
plus doux, pendant le jour, que sur des di-
vans de crin ; aussi la position horizontale est-
elle celle qu'elle prend le plus volontiers. Sa
voix est d'une douceur pénétrante, ses mouvemens sont gracieux. Elle parle avec une mer-
veilleuse facilité. Elle ne s'adonne à aucun
travail pénible, et cependant, malgré sa faiblesse apparente, il y a des fardeaux qu'elle
sait porter et remuer avec une aisance miracu-
leuse. Elle fuit l'éclat du soleil et s'en préserve
par d'ingénieux moyens. Pour elle marcher est
une fatigue ; mange-t-elle ? c'est un mystère ; par-
tage-t-elle les besoins des autres espèces ? c'est
un problème. Curieuse à l'excès, elle se laisse
prendre facilement par celui qui sait lui cacher
la plus petite chose ; car son esprit la porte
sans cesse à chercher l'inconnu. Aimer est
sa religion : elle ne pense qu'à plaire à celui
qu'elle aime. Etre aimée est le but de toutes
ses actions, exciter des désirs celui de tous ses
gestes. Aussi ne songe-t-elle qu'aux moyens de
briller : elle ne se meut qu'au sein d'une sphère
de grâce et d'élégance ; c'est pour elle que la jeune

Indienne a filé le poil souple des chèvres du Thibet, que Tarare tisse ses voiles d'air, que Bruxelles fait courir des navettes chargées du lin le plus pur et le plus délié, que Visapour dispute aux entrailles de la terre des cailloux étincelans et que Sèvres dore sa blanche argile. Elle médite nuit et jour de nouvelles parures, emploie sa vie à faire empeser ses robes, à chiffonner des fichus. Elle va se montrant brillante et fraîche à des inconnus dont les hommages la flattent, dont les désirs la charment bien qu'ils lui soient indifférens. Les heures dérobées au soin d'elle-même et à la volupté, elle les emploie à chanter les airs les plus doux : c'est pour elle que la France et l'Italie inventent leurs délicieux concerts et que Naples donne aux cordes une âme harmonieuse. Cette espèce, enfin, est la reine du monde et l'esclave d'un désir.

Elle redoute le mariage parce qu'il finit par gâter la taille, mais elle s'y livre parce qu'il promet le bonheur. Si elle fait des enfans c'est par un pur hasard. Quand ils sont grands, elle les cache.

Ces traits, pris à l'aventure entre mille, se retrouvent-ils en ces créatures dont les mains

sont noires comme celles des singes, et la peau
tannée comme les vieux parchemins d'un *Olim*;
dont le visage est brûlé par le soleil, et le cou
ridé comme celui des dindons; qui sont cou-
vertes de haillons; dont la voix est rauque,
l'intelligence nulle, l'odeur insupportable; qui
ne songent qu'à la huche au pain, qui sont incessamment courbées vers la terre, qui pio-
chent, qui hersent, qui fanent, glanent, mois-
sonnent, pétrissent le pain, teillent du chan-
vre; qui, pêle-mêle avec des bestiaux, des
enfans et des hommes, habitent des trous à
peine couverts de paille; auxquelles enfin il
importe peu d'où pleuvent les enfans : en produire beaucoup pour en livrer beaucoup à la
misère et au travail est toute leur tâche, et si
leur amour n'est pas un labeur comme celui des
champs, il est au moins une spéculation.

Hélas! s'il y a de par le monde des marchan-
des assises tout le jour entre de la chandelle
et de la cassonade, des fermières qui trayent les
vaches, des infortunées dont on se sert comme
de bêtes de somme dans les manufactures, ou
qui portent la hotte, la houe et l'éventaire;
s'il existe malheureusement trop de créatures

vulgaires pour lesquelles la vie de l'âme, les
bienfaits de l'éducation, les délicieux orages
du cœur sont un paradis inaccessible, et si la
nature a voulu qu'elles eussent un bec coracoïde, une os hyoïde et trente-deux vertèbres,
qu'elles restent pour le physiologiste dans le
genre Orang ! Ici, nous ne stipulons que pour
les oisifs , pour ceux qui ont le temps et l'esprit d'aimer , pour les riches qui ont acheté la
propriété des passions , pour les intelligences
qui ont conquis le monopole des chimères.
Anathême sur tout ce qui ne vit pas de la
pensée ! Disons *raca* et même racaille de qui
n'est pas ardent, jeune, beau et passionné.
C'est l'expression publique du sentiment secret des philantropes qui savent lire ou peuvent monter en équipage. Dans nos neuf millions de proscrites, le percepteur, le magistrat,
le législateur, le prêtre, voient sans doute des
âmes , des administrés, des justiciables , des
contribuables ; mais l'homme à sentiment, le
philosophe de boudoir, tout en mangeant le
petit pain de griot semé et récolté par ces
créatures-là, les rejetteront comme nous hors
du genre femme. Pour eux, il n'y a de

femme que celle qui peut inspirer de l'amour ;
il n'y a d'existant que la créature investie du
sacerdoce de la pensée par une éducation
privilégiée, et chez laquelle l'oisiveté a développé la puissance de l'imagination ; enfin il n'y
a d'être que celui dont l'âme rêve, en amour,
autant de jouissances intellectuelles que de
plaisirs physiques.

Cependant nous ferons observer que ces
neuf millions de Parias femelles produisent çà
et là des milliers de paysannes, qui, par des
circonstances bisarres, sont jolies comme des
Amours. Elles arrivent à Paris ou dans les
grandes villes et finissent par monter au rang
des femmes comme il faut ; mais pour ces
deux ou trois mille créatures privilégiées, il y
en a cent mille autres qui restent servantes ou
se jettent en d'effroyables désordres. Néanmoins
nous tiendrons compte à la population féminine de ces Pompadour de village.

Ce premier calcul est fondé sur cette découverte de la statistique, qu'en France il y a dix-
huit millions de pauvres, dix millions de gens
aisés et deux millions de riches.

Il n'existe donc en France que six millions

de femmes dont les hommes à sentiment s'occupent, se sont occupés ou s'occuperont.

Soumettons cette élite sociale à un examen
philosophique.

Nous pensons, sans crainte d'être démenti,
que les époux qui ont vingt ans de ménage
doivent dormir tranquillement sans avoir à re-
douter l'invasion de l'amour et le scandale d'un
procès en criminelle conversation.

Alors de ces six millions d'individus il faudra
distraire environ deux millions de femmes extrê-
mement aimables, parce qu'à quarante ans pas-
sés elles ont vu le monde; mais comme elles ne
peuvent remuer le cœur de personne, elles sont
en dehors de la question dont il s'agit. Si elles
ont le malheur de ne pas être recherchées pour
leur amabilité, l'ennui les gagne; elles se jettent
dans la dévotion, dans les chats, les petits chiens,
et autres manies qui n'offensent que Dieu.

Les calculs faits au bureau des longitudes sur
la population nous autorisent à soustraire encore de la masse totale deux millions de petites
filles, jolies à croquer : elles en sont à l'A, B, C
de la vie et jouent innocemment avec d'autres
enfans sans se douter que ces petits *malis,* qui

alors les font rire, les feront pleurer un jour.

Maintenant, sur les deux millions de femmes restant, quel est l'homme raisonnable qui ne nous abandonnera pas cent mille pauvres filles bossues, laides, quinteuses, rachitiques, malades, aveugles, blessées, pauvres quoique bien élevées, mais demeurant toutes demoiselles et n'offensant aucunement, par ce moyen, les saintes lois du Mariage ?

Nous refusera-t-on quatre cent mille autres filles qui se trouvent sœurs de Sainte-Camille, sœurs de charité, religieuses, institutrices, demoiselles de compagnie, etc? Mais nous mettrons dans ce saint voisinage le nombre assez difficile à évaluer des jeunes personnes trop grandes pour jouer avec les petits garçons et trop jeunes encore pour éparpiller leurs couronnes de fleurs d'oranger.

Enfin, sur les quinze cent mille sujets qui se trouvent au fond de notre creuset, nous diminuerons encore cinq cent mille autres unités que nous attribuerons aux filles de Baal qui font plaisir aux gens peu délicats. Nous y comprendrons même, sans crainte qu'elles se gâtent ensemble, les femmes entretenues, les modistes, les filles de boutique, les mercières, les actrices, les cantatrices, les filles d'opéra, les figurantes, les servantes-maîtresses, les femmes de chambre, etc. La plupart de ces créatures excitent bien des passions, mais elles trouvent de l'indécence à faire prévenir un notaire, un maire, un ecclésiastique et un monde de rieurs, du jour et du moment où elles se donnent à un amant. Leur système, justement blâmé par une société curieuse, a l'avantage de ne les obliger à rien envers les hommes, envers M. le maire, envers la justice. Or, ne portant atteinte à aucun serment public, ces femmes n'appartiennent en rien à un ouvrage exclusivement consacré aux mariages légitimes.

C'est demander bien peu pour cet article, dira-t-on, mais il formera compensation à ceux que des amateurs pourraient trouver trop enflés. Si quelqu'un, par amour pour une riche douairière, veut la faire passer dans le million restant, il la prendra sur le chapitre des sœurs de charité, des filles d'opéra ou des bossues. Enfin, nous n'avons appelé que cinq cent mille têtes à former cette dernière catégorie, parce qu'il arrive souvent, comme on

l'a vu ci-dessus, que les neuf millions de paysannes l'augmentent d'un grand nombre de sujets. Nous avons négligé la classe ouvrière et
le petit commerce par la même raison : les
femmes de ces deux sections sociales sont le
produit des efforts que font les neuf millons
de Bimanes femelles pour s'élever vers les
hautes régions de la civilisation. Sans cette scru-
puleuse exactitude, beaucoup de personnes
regarderaient cette Méditation de statistique
conjugale comme une plaisanterie.

Nous avions bien pensé à organiser une
petite classe de cent mille individus, pour
former une caisse d'amortissement de l'espèce,
et servir d'asile aux femmes qui tombent dans
un état mitoyen, comme les veuves, par exemple; mais nous avons préféré compter large-
ment.

Il est facile de prouver la justesse de notre
analyse : une seule réflexion suffit.

La vie de la femme se partage en trois époques bien distinctes : la première commence
au berceau et se termine à l'âge de nubilité; la
seconde embrasse le temps pendant lequel une
femme appartient au mariage; la troisième s'ou-

vre par l'âge critique, sommation assez brutale
que la nature fait aux passions d'avoir à cesser.
Ces trois sphères d'existence étant, à peu de
chose près, égales en durée, doivent diviser
en nombres égaux une quantité donnée de
femmes. Ainsi, dans une masse de six millions,
l'on trouve, sauf les fractions qu'il est loisi-
ble aux savans de chercher, environ deux
millions de filles entre un an et dix-huit, deux
millions de femmes âgées de dix-huit ans au
moins, de quarante au plus, et deux millions
de vieilles. Les caprices de l'état social ont
donc distribué les deux millions de femmes aptes à se marier en trois grandes catégories
d'existence, savoir : celles qui restent filles
par les raisons que nous avons déduites, celles
dont la vertu importe peu aux maris, et le
million de femmes légitimes dont nous avons
à nous occuper.

Vous voyez, par ce dépouillement assez
exact de la population femelle, qu'il existe à
peine en France un petit troupeau d'un million de brebis blanches, bercail privilégié où
tous les loups veulent entrer.

Faisons passer par une autre étamine ce

million de femmes déjà triées sur le volet.

Pour parvenir à une appréciation plus vraie du degré de confiance qu'un homme doit avoir en sa femme, supposons pour un moment que toutes ces épouses tromperont leurs maris.

Dans cette hypothèse, il conviendra de retrancher environ un vingtième de jeunes personnes qui, mariées de la veille, seront au moins fidèles à leurs sermens pendant un certain temps.

Un autre vingtième sera malade. C'est accorder une bien faible part aux douleurs humaines.

Certaines passions qui, dit-on, détruisent l'empire de l'homme sur le cœur de la femme, la laideur, les chagrins, les grossesses, réclament encore un vingtième.

L'adultère ne s'établit pas dans le cœur d'une femme mariée comme on tire un coup de pistolet. Quand même la sympathie ferait naître des sentimens à la première vue, il y a toujours un combat dont la durée forme une certaine non-valeur dans la somme totale des infidélités conjugales. C'est presque insulter la pudeur en France que de ne représenter le temps de ces combats dans un pays si naturellement guerrier, que par un vingtième du total des femmes; mais alors nous supposerons que certaines femmes malades conservent leurs amans au milieu des potions calmantes, et qu'il y a des femmes dont la grossesse fait sourire quelque célibataire sournois. Nous sauverons ainsi la pudeur de celles qui combattent pour la vertu.

Par la même raison, nous n'oserons pas croire qu'une femme abandonnée par son amant en trouve un autre *hìc et nùnc*; mais cette non-valeur-là étant nécessairement plus faible que la précédente, nous l'estimerons à un quarantième.

Ces retranchemens réduiront notre masse à huit cent mille femmes, quand il s'agira de déterminer le nombre de celles qui offenseront la foi conjugale.

En ce moment, qui ne voudrait pas rester persuadé que ces femmes sont vertueuses? Ne sont-elles pas la fleur du pays? Ne sont-elles pas toutes verdissantes, ravissantes, étourdissantes de beauté, de jeunesse, de vie et d'amour? Croire à leur vertu est une espèce de religion sociale; car elles sont l'ornement du monde et font la gloire de la France.

C'est donc au sein de ce million que nous avons à chercher :

Le nombre des femmes honnêtes ;

Le nombre des femmes vertueuses.

Cette investigation et ces deux catégories demandent des Méditations entières qui serviront d'appendice à celle-ci.

MÉDITATION III.

De la Femme honnête.

La Méditation précédente a démontré que
nous possédons en France une masse flottante
d'un million de femmes exploitant le privilége
d'inspirer les passions qu'un galant homme
avoue sans honte ou cache avec plaisir.

C'est donc sur ce million de femmes qu'il

faut promener notre lanterne Diogénique,
pour trouver les femmes honnêtes du pays.

Cette recherche nous entraîne à quelques
digressions.

Deux jeunes gens bien mis, dont le corps
svelte et les bras arrondis ressemblent à la
demoiselle d'un paveur, et dont les bottes sont
supérieurement faites, se rencontrent un matin sur le boulevard, à la sortie du passage des
Panoramas.

—Tiens, c'est toi !

—Oui, mon cher, je me ressemble, n'est-ce
pas ?

Et de rire plus ou moins spirituellement,
suivant la nature de la plaisanterie qui ouvre
la conversation.

Quand ils se sont examinés avec la curiosité
sournoise d'un gendarme, qui cherche à reconnaître un signalement ; qu'ils sont bien con-
vaincus de la fraîcheur respective de leurs gants,
de leurs gilets et de la grâce avec laquelle leurs
cravates sont nouées ; qu'ils sont à peu près
certains qu'aucun d'eux n'est tombé dans le
malheur, ils se prennent le bras, et s'ils par-
tent du théâtre des Variétés, ils n'arriveront

pas à la hauteur de Frascati sans s'être adressé une question un peu drue, dont voici la traduction libre :

— Qui épousons-nous pour le moment?....

Règle générale, c'est toujours une femme charmante.

Quel est le fantassin de Paris dans l'oreille duquel il n'est pas tombé, comme des balles en un jour de bataille, des milliers de mots prononcés par les passans, et qui n'ait pas saisi une de ces innombrables paroles, gelées en l'air, dont parle Rabelais? Mais la plupart des hommes se promènent à Paris comme ils mangent, comme ils vivent, sans y penser.

Il existe peu de musiciens habiles, de physionomistes exercés qui sachent reconnaître de quelle clef ces notes éparses sont signées, de quelle passion elles procèdent.

Oh! errer dans Paris! adorable et délicieuse existence!

Flaner est une science, c'est la gastronomie de l'œil. Se promener, c'est végéter, flaner c'est vivre. La jeune et jolie femme longtemps contemplée par des yeux ardens serait encore bien plus recevable à prétendre un salaire, que le rotisseur qui demandait vingt sous au Limousin dont le nez enflé à toutes voiles aspirait de nourrissans parfums. Flaner; c'est jouir, c'est recueillir des traits d'esprit; c'est admirer de sublimes tableaux de malheur, d'amour, de joie, des portraits gracieux ou grotesques; c'est plonger ses regards au fond de mille existences ; vieillard, c'est tout désirer, tout posséder ; vieillard, c'est vivre de la vie des jeunes gens, c'est épouser leurs passions.

Or, que de réponses un flaneur artiste n'a-t-il pas entendu faire à l'interrogation catégorique sur laquelle nous sommes restés ?

— Elle a trente-cinq ans ; mais tu ne lui en donnerais pas vingt ! dit un bouillant jeune homme aux yeux pétillans, et qui, libéré du collége, voudrait comme Chérubin tout embrasser.

— Comment donc, mais nous avons des peignoirs de batiste et des anneaux de nuit en diamans... dit un clerc de notaire.

Elle a une voiture et une loge aux Français ! dit un militaire.

— Moi ! s'écrie un autre un peu âgé et en ayant l'air de répondre à une attaque, cela ne me coûte pas un sou ! Quand on est tourné comme nous !... Est-ce que tu en serais là, mon respectable ami ?

Et le promeneur de frapper un léger coup du plat de la main sur l'abdomen de son camarade.

— Oh ! elle m'aime ! dit un autre ; on ne peut pas s'en faire une idée, mais elle a le mari le plus bête ! ah !... Buffon a supérieurement décrit les animaux, mais le bipède nommé mari....

Comme c'est agréable à entendre quand on est marié.

— Oh, mon ami, comme un ange !... est la réponse d'une demande discrètement faite à l'oreille. — Peux-tu me dire son nom ou me la montrer ?... — Oh ! non, c'est une *femme honnête*.

Quand un étudiant est aimé d'une limonadière, il la nomme avec orgueil et mène ses amis déjeuner chez elle.

Si un jeune homme aime une femme dont le mari s'adonne à un commerce qui embrasse des objets de première nécessité, il répondra en rougissant :

— C'est une lingère, c'est la femme d'un papetier, d'un bonnetier, d'un marchand de draps, d'un commis, etc.

Mais cet aveu d'un amour subalterne éclos et grandissant au milieu des ballots, des pains de sucre ou des gilets de flanelle, est toujours accompagné d'un pompeux éloge de la fortune de la dame. Le mari seul se mêle du commerce, il est riche, il a de beaux meubles ; du reste, elle vient chez lui, elle a un cachemire, elle a une maison de campagne, etc.

Bref, un jeune homme ne manque jamais d'excellentes raisons pour prouver que sa maîtresse va devenir très - prochainement une femme honnête, si elle ne l'est pas déjà. Cette distinction, produite par l'élégance de nos mœurs, est devenue aussi indéfinissable que la ligne à laquelle commence le bon ton.

Qu'est-ce donc alors qu'une femme honnête ?

Cette matière touche de trop près la vanité des femmes, celle de leurs amans, et même celle d'un mari, pour que nous n'établissions pas ici des règles générales, résultat d'une longue observation.

Notre million de têtes privilégiées représente une masse d'éligibles au titre glorieux de femme honnête ; mais toutes ne sont pas élues. Les principes de cette élection se trouvent dans les axiomes suivans.

APHORISMES.

I.

Une femme honnête est essentiellement mariée.

II.

Une femme honnête a moins de quarante ans.

III.

Une femme mariée, dont on achète les faveurs, n'est pas une femme honnête.

IV.

Une femme mariée qui a une voiture à elle est une femme honnête.

V.

Une femme qui fait la cuisine dans son ménage n'est pas une femme honnête.

VI.

Quand un homme a gagné vingt mille livres
de rente, sa femme est une femme honnête,
quel que soit le genre de commerce auquel il
a dû sa fortune.

VII.

Une femme qui dit une lettre *d'échange*
pour lettre de change, *souyer* pour soulier,
pierre *de lierre* pour pierre de liais, qui dit
d'un homme : « Est-il farce, monsieur un tel! »
ne peut jamais être une femme honnête quelle
que soit sa fortune.

VIII.

Une femme honnête doit avoir une existence pécuniaire qui permette à son amant de

penser qu'elle ne lui sera jamais à charge
d'aucune manière.

IX.

Une femme logée au troisième étage (les
rues de Rivoli et de Castiglione exceptées),
n'est pas une femme honnête.

X.

La femme d'un banquier est toujours une
femme honnête ; mais une femme assise dans
un comptoir ne peut l'être qu'autant que son
mari fait un commerce très-étendu et qu'elle
ne loge pas au-dessus de la boutique.

XI.

La nièce, non mariée, d'un évêque, et quand
elle demeure chez lui , peut passer pour une
femme honnête , parce que si elle a une intrigue, elle est obligée de tromper son oncle.

XII.

Une femme honnête est celle que l'on craint
de compromettre.

XIII.

La femme d'un artiste est toujours une femme honnête.

—

En appliquant ces principes, un homme du département de l'Ardèche peut résoudre toutes les difficultés qui se présenteront dans cette matière.

Pour qu'une femme ne fasse pas elle-même sa cuisine, ait reçu une brillante éducation, ait le sentiment de la coquetterie, ait le droit de passer des heures entières dans un boudoir, couchée sur un divan, et vive de la vie de l'âme, il lui faut au moins un revenu de mille écus en province ou de six mille francs à Paris. Ces deux termes de fortune vont nous indiquer le nombre présumé des femmes honnêtes qui se trouvent dans le million, produit brut de notre statistique.

Or, trois cent mille rentiers à quinze cent francs représentent la somme totale des pensions, des intérêts viagers et perpétuels, payés par le trésor et celle des rentes hypothécaires ;

Trois cent mille propriétaires jouissant de trois mille cinq cents francs de revenu foncier, représentent toute la fortune territoriale;

Deux cent mille parties prenantes, à raison de quinze cents francs, réprésentent le partage du budget de l'état et celui des budgets municipaux ou départementaux; soustraction faite de la dette, des fonds du clergé, de la solde des héros à cinq sous par jour et des sommes allouées à leur linge, à l'armement, aux vivres, aux habillemens, etc. ;

Deux cent mille fortunes commerciales, à raison de vingt mille francs de capital, représentent tous les établissemens industriels possibles de la France ;

Voilà bien un million de maris.

Mais combien compterons-nous de rentiers à dix, cinquante, cent, deux, trois, quatre cinq et six cents francs seulement de rente inscrits sur le grand-livre et ailleurs?

Combien y a-t-il de propriétaires qui ne payent pas plus de cent sous, vingt francs, cent, deux cents et deux cent quatre-vingts francs d'impôt?

Combien supposerons-nous, parmi les bud-getophages, de pauvres plumitifs qui n'ont que six cents francs d'appointemens?

Combien admettrons-nous de commerçans qui n'ont que des capitaux fictifs, qui, riches de crédit, n'ont pas un sou vaillant et ressemblent à des cribles par où passe le Pactole? et combien de négocians qui n'ont qu'un capital réel de mille, deux mille, quatre mille, cinq mille francs? O industrie!...

Faisons plus d'heureux qu'il n'y en a peut-être, et partageons ce million en deux parties : cinq cent mille ménages auront de cent francs à trois mille francs de rente, et cinq cent mille femmes rempliront les conditions voulues pour être honnêtes.

D'après les observations qui terminent notre méditation de statistique, nous sommes autorisé à retrancher de ce nombre cent mille unités : en conséquence, on peut regarder comme une proposition mathématiquement prouvée, qu'il n'existe en France que quatre cent mille femmes dont la possession puisse procurer aux hommes délicats les jouis-

sances exquises et distinguées qu'ils recher-
chent en amour.

En effet, c'est ici le lieu de faire observer
aux adeptes pour lesquels nous écrivons que
l'amour ne se compose pas de quelques causeries solliciteuses, de quelques nuits de volupté, d'une caresse plus ou moins intelli-
gente et d'une étincelle d'amour-propre bap-
tisée du nom de jalousie. Nos quatre cent mille
femmes ne sont pas de celles dont on puisse
dire : la plus belle fille du monde ne donne
que ce qu'elle a : elles sont richement dotées
des trésors qu'elles empruntent à nos ardentes
imaginations et savent vendre cher ce qu'elles
n'ont pas pour compenser la vulgarité de ce
qu'elles donnent.

Est-ce en baisant le gant d'une grisette que
vous ressentirez plus de plaisir qu'à épuiser
cette volupté de cinq minutes que vous offrent toutes les femmes ?

Est-ce la conversation d'une marchande qui
vous fera espérer des jouissances infinies?

Entre vous et une femme au-dessous de vous,
les délices de l'amour-propre sont pour elle. Vous

n'êtes pas dans le secret du bonheur que vous donnez.

Entre vous et une femme au-dessus de vous par sa fortune ou sa position sociale, les chatouillemens de vanité sont immenses et sont partagés. Un homme n'a jamais pu élever sa maîtresse jusqu'à lui ; mais une femme place toujours son amant aussi haut qu'elle. — « Je puis faire des princes et vous ne ferez jamais que des bâtards ! » est une réponse étincelante de vérité.

Si l'amour est la première des passions, c'est qu'elle les flatte toutes ensemble. On aime en raison du plus ou du moins de cordes que les doigts de notre belle maîtresse attaquent dans notre cœur.

Biren, fils d'un orfèvre, montant dans le lit de la duchesse de Courlande, et l'aidant à lui signer la promesse d'être proclamé souverain du pays, comme il était celui de la jeune et jolie souveraine, est le type du bonheur que doivent donner nos quatre cent mille femmes à leurs amans.

Pour avoir le droit de se faire un plancher de toutes les têtes qui se pressent dans un salon, il faut être l'amant d'une de ces femmes d'élite. Or nous aimons tous à trôner plus ou moins.

Aussi est-ce sur cette brillante partie de la nation que sont dirigées toutes les attaques des hommes auxquels l'éducation, le talent ou l'esprit ont acquis le droit d'être comptés pour quelque chose dans la fortune d'hommes dont s'enorgueillissent les peuples. Et c'est dans cette classe de femmes seulement que se trouve celle dont notre mari veut défendre le cœur.

Que les considérations auxquelles donne lieu notre aristocratie féminine s'appliquent ou non aux autres classes sociales, qu'importe? Ce qui sera vrai de ces femmes si recherchées dans leurs manières, dans leur langage, dans leurs pensées; chez lesquelles une éducation privilégiée a développé le goût des arts, la faculté de sentir, de comparer, de réfléchir; qui ont un sentiment si élevé des convenances et de la politesse, et qui commandent aux mœurs en France, doit être applicable aux femmes de toutes les nations et de toutes les espèces. L'homme supérieur auquel ce livre est dédié possède nécessairement une certaine optique de pensée qui lui permet de suivre les dégradations de la lumière dans chaque classe et de saisir le point de civilisation auquel telle observation est encore vraie.

N'est-il donc pas d'un haut intérêt pour la morale de rechercher maintenant le nombre de femmes vertueuses qui peut se trouver parmi ces adorables créatures? N'y a-t-il pas là une question marito-nationale?

MÉDITATION IV.

De la *Femme vertueuse.*

La question n'est peut-être pas tant de savoir combien il y a de femmes vertueuses, que si une femme honnête peut rester vertueuse.

Pour mieux éclaircir un point aussi important, jetons un rapide coup-d'œil sur la population masculine?

De nos quinze millions d'hommes, retranchons d'abord les neuf millions de Bimanes à trente-deux vertèbres et n'admettons à notre analyse physiologique que six millions de sujets. Les Murat, les Marceau, les Lefebvre, les Marmontel, les Diderot et les Rollin, germent souvent tout-à-coup du sein de ce marc social en fermentation; mais ici, nous commettrons à dessein des inexactitudes. Ces erreurs de calcul retomberont de tout leur poids à la conclusion, et corroboreront les terribles résultats que va nous dévoiler le mécanisme des passions publiques.

Des six millions d'hommes privilégiés, nous ôterons trois millions de vieillards et d'enfans.

Cette soustraction, dira-t-on, a produit quatre millions chez les femmes?

Cette différence peut, au premier aspect, sembler singulière; mais elle est facile à justifier.

L'âge moyen auquel les femmes sont mariées est vingt ans, et à quarante elles cessent d'appartenir à l'amour.

Or un jeune garçon de dix-sept ans donne

de fiers coups de canifs dans les parchemins des contrats et particulièrement dans les plus anciens, disent les chroniques scandaleuses.

Or un homme de cinquante-deux ans est plus redoutable à cet âge qu'à tout autre. C'est à cette belle époque de la vie qu'il use et d'une expérience chèrement acquise et de toute la fortune qu'il doit avoir. Les passions sous le fléau desquelles il tourne étant les dernières, il est impitoyable et fort comme l'homme entraîné par le courant, qui saisit une verte et flexible branche de saule, jeune pousse de l'année.

APHORISME.

Physiquement un homme est plus longtemps homme que la femme n'est femme.

Relativement au mariage, la différence de durée qui existe entre la vie amoureuse de l'homme et celle de la femme est donc de quinze ans. Ce terme équivaut aux trois quarts du temps, pendant lequel les infidélités d'une femme peuvent faire le malheur d'un mari. Cependant le reste de la soustraction faite sur notre masse d'hommes n'offre une différence que d'un sixième en plus, en le comparant à celui qui résulte de la soustraction exercée sur la masse féminine.

Grande est la modestie de nos calculs. Quant à nos raisons elles sont d'une évidence si vulgaire que nous ne les avons exposées que par exactitude et pour prévenir toute critique.

Il est donc prouvé à tout philosophe, tant soit peu calculateur, qu'il existe en France une masse flottante de trois millions d'hommes âgés de dix-sept ans au moins, de cinquante-deux ans au plus, tout bien vivans, bien endentés, bien décidés à mordre, mordant et ne demandant qu'à marcher fort et ferme dans le chemin du paradis.

Les observations déjà faites nous autorisent à séparer de cette masse un million de maris. Supposons un moment que, satisfaits et toujours heureux comme notre mari-modèle, ils se contentent de l'amour conjugal.

Mais notre masse de deux millions de célibataires n'a pas besoin de cinq sous de rente pour faire l'amour;

Mais il suffit à un homme d'avoir bon pied, bon œil, pour décrocher le portrait d'un mari;

Mais il n'est pas nécessaire qu'il ait une jolie figure, ni même qu'il soit bien fait;

Mais pourvu qu'un homme ait de l'esprit, une figure distinguée et de l'*entregent*, les femmes ne lui demandent jamais d'où il sort, mais où il veut aller;

Mais les bagages de l'amour sont les charmes de la jeunesse;

Mais un habit dû à Staub, une paire de gants prise chez Walker, des bottes élégantes qu'Évrat tremble d'avoir fournies, une cravate bien nouée, suffisent à un homme pour devenir le roi d'un salon;

Mais enfin les militaires, quoique l'engouement pour la graine d'épinards et l'aiguillette soit bien tombé, les militaires ne forment-ils pas déjà à eux seuls une redoutable légion de célibataires?... Sans parler d'Eginhard, puisque c'était un secrétaire particulier, un journal n'a-t-il pas rapporté dernièrement qu'une princesse d'Allemagne avait légué sa fortune à un simple lieutenant des cuirassiers de la garde impériale ;

Mais le notaire de village, qui, au fond de la Gascogne, ne passe que trente-six actes par an, envoie son fils faire son droit à Paris ; le bonnetier veut que son fils soit notaire ; l'avoué destine le sien à la magistrature ; le magistrat veut être ministre pour doter ses enfans de la pairie. A aucune époque du monde il n'y a eu si brûlante soif d'instruction. Aujourd'hui ce n'est plus l'esprit qui court les rues, c'est le talent. Par toutes les crevasses de notre état social sortent de brillantes fleurs, comme le printemps en fait éclore sur les murs en ruines, dans les caveaux même, il s'échappe d'entre les voûtes des touffes à demi-colorées, qui verdiront pour peu que le soleil de l'instruction y pénètre. Depuis cet immense développement de la pensée, depuis cette égale et féconde dispersion de lumière, nous n'avons plus de supériorités, parce que chaque homme représente la masse d'instruction de son siècle. Nous sommes entourés d'encyclopédies vivantes qui marchent, pensent, agissent et veulent s'éterniser. De là, ces effrayantes secousses d'ambitions ascendantes et de passions délirantes : il nous faut d'autres mondes, il nous faut des ruches prêtes à recevoir tous ces essaims, et surtout il faut beaucoup de jolies femmes ;

Mais ensuite, les maladies dont un homme est affligé ne produisent pas de non-valeur dans la masse totale des passions de l'homme. A notre honte, une femme ne nous est jamais si attachée que quand nous souffrons!...

A cette pensée, toutes les épigrammes dirigées contre le petit sexe (car c'est bien vieux de dire le beau sexe) devraient se désarmer de leurs pointes aiguës et se changer en madrigaux...! Tous les hommes devraient penser que la seule vertu de la femme est d'aimer, que toutes les femmes sont prodigieusement vertueuses, et fermer là le livre et la méditation.

Ah! vous souvenez-vous de ce moment lugubre et noir où seul et souffrant, accusant les hommes, surtout vos amis ; faible, découragé et pensant à la mort ; la tête appuyée sur un oreiller fadement chaud et couché sur un drap dont le blanc treillis de lin s'imprimait douloureusement sur votre peau, vous promeniez vos yeux agrandis sur le papier vert de votre chambre muette; vous souvenez-vous, dis-je, de l'avoir vue entr'ouvrir votre porte sans bruit, montrer sa jeune, sa blonde tête encadrée de rouleaux d'or et d'un chapeau frais, apparaître comme une étoile dans une nuit orageuse, sourire, accourir moitié chagrine, moitié heureuse, se précipiter vers vous...

— Comment as-tu fait! qu'as-tu dit à ton mari?...

Un mari!... ah! nous voici ramenés en plein dans notre sujet.

APHORISME.

—

Moralement, l'homme est plus souvent et plus long-temps homme que la femme n'est femme.

—

Cependant nous devons considérer que parmi ces deux millions de célibataires, il y a bien des malheureux chez lesquels le sentiment profond de leur misère et un travail obstiné éteignent l'amour ;

Qu'ils n'ont pas tous été au collége, et qu'il y a bien des artisans, bien des laquais (1), bien des entrepreneurs de bâtimens, bien des industriels qui ne pensent qu'à l'argent, bien de courtauds de boutique;

Qu'il y a des hommes plus bêtes et véritablement plus laids que Dieu ne les aurait faits ;

Qu'il y en a dont le caractère est comme une châtaigne sans pulpe;

Que le clergé est généralement chaste;

Qu'il y a des hommes placés de manière à ne pouvoir jamais entrer dans la sphère brillante où se meuvent les femmes honnêtes; soit faute d'un habit, soit timidité, soit manque d'un cornac qui les y introduise;

Mais laissons chacun augmenter le nombre des exceptions suivant sa propre expérience ;

(1) Le duc de Gesvres était très-laid et petit. En se promenant dans le parc de Versailles, il aperçut des valets de riche taille, et dit à ses amis : — Regardez comme nous faisons ces drôles-là, et comme ils nous font !.....

(car, avant tout, le but d'un livre est de faire penser) et supprimons tout d'un coup une moitié de la masse totale; n'admettons qu'un million de cœurs dignes d'offrir leurs hommages aux femmes honnêtes : c'est, à peu de chose près, le nombre de nos supériorités intellectuelles, et les femmes n'aiment pas que les gens d'esprit ! mais encore une fois, donnons beau jeu à la vertu !

Maintenant, à entendre nos aimables célibataires, chacun d'eux raconte une multitude d'aventures, qui, toutes, compromettent gravement les femmes honnêtes. Il y a beaucoup de modestie et de retenue à ne distribuer que trois aventures par célibataire; mais si quelques-uns comptent par dixaine, il en est tant qui s'en sont tenus à deux ou trois passions et même à une seule dans leur vie, que nous avons, comme en statistique, pris le mode d'une répartition par tête. Or, si l'on multiplie le nombre des célibataires par le nombre des bonnes fortunes, on obtiendra trois millions d'aventures, et, pour y faire face, nous n'avons que quatre cent mille femmes honnêtes!...

Si le Dieu de bonté et d'indulgence qui plane sur les mondes ne fait pas une seconde lessive du genre humain, c'est sans doute à cause du peu de succès de la première!...

Voilà donc ce que c'est qu'un peuple! Voilà une société tamisée et voilà ce qu'elle offre en résultat.

APHORISMES.

I.

Les mœurs sont l'hypocrisie des nations. l'hypocrisie est plus ou moins perfectionnée.

II.

La vertu est la politesse de l'âme.

———

L'amour physique est un besoin semblable à la faim, à cela près que l'homme mange toujours et qu'en amour son appétit n'est pas aussi soutenu, ni aussi régulier.

Un morceau de pain bis et une cruchée

d'eau font raison de la faim de tous les hommes; mais notre civilisation a créé la gastronomie.

L'amour a son morceau de pain, mais il
a aussi cet art d'aimer, que nous appelons la
coquetterie, mot charmant qui n'existe qu'en
France où cette science est née.

Eh bien! n'y a-t-il pas de quoi faire frémir
tous les maris, s'ils viennent à penser que
l'homme est tellement possédé du besoin
inné de changer ses mets, qu'en tel pays sau-
vage où les voyageurs aient abordé, ils ont
trouvé des boissons spiritueuses et des ra-
goûts.

Mais la faim n'est pas si violente que l'a-
mour; mais les caprices de l'âme sont bien
plus nombreux, plus agaçans, plus recherchés
dans leur furie que les caprices de la gastronomie; mais tout ce que les poètes et les événemens nous ont révélé de l'amour humain
arme nos célibataires d'une puissance terrible :
ce sont les lions de l'Évangile cherchant des
proies à dévorer.

Ici, que chacun interroge sa conscience,
évoque ses souvenirs et se demande s'il a ja-

mais rencontré d'homme qui s'en soit tenu à l'amour d'une seule femme?...

Comment, hélas! expliquer pour l'honneur de tous les peuples le problème résultant de trois millions de passions brûlantes qui ne trouvent pour pâture que quatre cent mille femmes?... Veut-on distribuer quatre célibataires par femme, et reconnaître que les femmes honnêtes pourraient fort bien avoir établi par instinct et sans le savoir, une espèce de roulement entre elle et les célibataires, semblable à celui qu'ont inventé les présidens de cours royales pour faire passer leurs conseillers dans chaque chambre les uns après les autres au bout d'un certain nombre d'années?... Triste manière d'éclaircir la difficulté!

Veut-on même conjecturer que certaines femmes honnêtes agissent, dans le partage des célibataires, comme le lion de la fable?... Quoi, une moitié au moins de nos autels serait des sépulcres blanchis!...

Pour l'honneur des dames françaises, veut-on supposer qu'en temps de paix les autres pays nous importent une certaine quantité de leurs femmes honnêtes, principalement l'Angleterre, l'Allemagne, la Russie ? Mais les nations européennes prétendront établir une balance en objectant que la France exporte une certaine quantité de jolies femmes.

La morale, la religion souffrent tant à de pareils calculs, qu'un honnête homme, dans son désir d'innocenter les femmes mariées, trouverait quelque agrément à croire que les douairières et les jeunes personnes sont pour moitié dans cette corruption générale, ou mieux encore, que les célibataires mentent.

Mais que calculons-nous ? Songez à nos maris qui, à la honte des mœurs, se conduisent presque tous comme des célibataires et font gloire, *in petto*, de leurs aventures secrètes !

Oh, alors, nous croyons que tout homme marié, s'il tient un peu à sa femme à l'endroit de l'honneur, dirait le vieux Corneille, peut chercher une corde et un clou, *fœnum habet in cornu.*

C'est cependant au sein de ces quatre cent mille femmes honnêtes qu'il faut, lanterne en main, chercher le nombre des femmes vertueuses de France !... En effet, par notre statistique conjugale, nous n'avons retranché que des créatures dont la société ne s'occupe réellement pas ; et il est de fait qu'en France *les honnêtes gens, les gens comme il faut*, forment à peine un total de trois millions d'individus ; à savoir : notre million de célibataires, cinq cent mille femmes honnêtes, cinq cent mille maris et un million de douairières, d'enfans et de jeunes filles.

Étonnez-vous donc maintenant du fameux vers de Boileau ? Ce vers annonce que le poète avait habilement approfondi les réflexions mathématiquement développées à vos yeux dans ces affligeantes méditations, et qu'il n'est pas une hyperbole.

Cependant il existe des femmes vertueuses :

Oui, celles qui n'ont jamais été tentées et celles qui meurent à leurs premières couches, en supposant que leurs maris les aient épousées vierges.

Oui, celles qui sont laides comme la Kaïfakatadary des *Mille et une Nuits*.

Oui, celles que Mirabeau appelle les *Fées Concombres* et qui sont composées d'atômes exactement semblables à ceux des racines de fraisier et de nénuphar; cependant, ne nous y fions pas?...

Puis, avouons à l'avantage du siècle, que depuis la restauration de la morale et de la religion, et par le temps qui court, on rencontre éparses quelques femmes si morales, si religieuses, si attachées à leurs devoirs, si droites, si compassées, si raides, si vertueuses, si... que le Diable n'ose seulement pas les regarder; elles sont flanquées de Rosaires, d'Heures et de Directeurs... chut!

Nous n'essayerons pas de compter des femmes vertueuses par bêtise; il est reconnu qu'en amour toutes les femmes ont de l'esprit.

Enfin il ne serait cependant pas impossible qu'il y eût dans quelque coin, des femmes jeunes, jolies et vertueuses dont le monde ne se doute pas?

Mais ne donnez pas le nom de femme vertueuse à celle qui, combattant une passion involontaire, n'a rien accordé à un amant qu'elle est au désespoir d'idolâtrer? C'est la plus sanglante injure qui puisse être faite à un mari amoureux. Que lui reste-t-il de sa femme? Une chose sans nom : un cadavre animé. Au sein des plaisirs, sa femme demeure comme ce convive averti par Borgia, au milieu du festin, que certains mets sont empoisonnés : il n'a plus faim, mange du bout des dents ou feint de manger. Il regrette le repas qu'il a délaissé pour celui du terrible cardinal et soupire après le moment où, la fête étant finie, il pourra se lever de table.

Quel est le résultat de ces réflexions sur la vertu féminine? Le voici; mais les deux dernières maximes nous ont été données par un philosophe éclectique du XVIIIe siècle.

APHORISMES.

I.

Une femme vertueuse a dans le cœur une fibre de moins ou de plus que les autres femmes : elle est stupide ou sublime.

II.

La vertu des femmes est peut-être une question de tempérament.

III.

Les femmes les plus vertueuses ont en elles quelque chose qui n'est jamais chaste.

IV.

« Qu'un homme d'esprit ait des doutes sur sa maîtresse, cela se conçoit ; mais sur sa femme !... Il faut être par trop bête. »

V.

« Les hommes seraient trop malheureux si, auprès des femmes, ils se souvenaient le moins du monde de ce qu'ils savent par cœur. »

———

Le nombre des femmes rares qui, semblables aux vierges de la parabole, ont su garder leur lampe allumée, sera toujours trop faible aux yeux des défenseurs de la vertu et des bons sentimens ; mais encore faudra-t-il le retrancher de la somme totale des femmes honnêtes, et cette soustraction consolante rend encore le danger des maris plus grand, le scandale plus affreux, et entache d'autant plus le reste des épouses légitimes.

Quel mari pourra maintenant dormir tranquille à côté de sa jeune et jolie femme, en apprenant que trois célibataires, au moins, sont à l'affût; que s'ils n'ont pas encore fait de dégât dans sa petite propriété, ils regardent la mariée comme une proie qui leur est due, qui tôt ou tard leur écherra, soit par ruse, soit par force, par conquête ou de bonne volonté; et il est impossible qu'ils ne soient pas, un jour, victorieux dans cette lutte. Effrayante conclusion !...

Ici des puristes en morale, les *Collets-montés* enfin, nous accuseront peut-être de présenter des calculs aussi désolans : ils voudront prendre la défense ou des femmes honnêtes ou des célibataires; mais nous leur avons réservé une dernière observation.

Augmentez, à volonté, le nombre des femmes honnêtes et diminuez le nombre des célibataires, vous trouverez toujours, en résultat, plus d'aventures galantes que de femmes honnêtes; vous trouverez toujours une masse énorme de célibataires, réduits par nos mœurs à trois genres de crimes.

S'ils restent chastes, leur santé s'altérera au sein des irritations les plus douloureuses, ils rendront vaines les vues sublimes de la nature et iront mourir de la poitrine en buvant du lait sur les montagnes de la Suisse.

S'ils succombent à leurs tentations légitimes, ou ils compromettront des femmes honnêtes, et alors nous rentrons dans le sujet de ce livre, ou ils se dégraderont par le commerce horrible des cinq cent mille femmes dont nous avons parlé dans la dernière catégorie de la première méditation ; et dans ce dernier cas, que de chances pour aller boire encore du lait et mourir en Suisse !...

N'avez-vous donc jamais été frappés comme nous d'un vice d'organisation de notre ordre social, et dont la remarque va servir de preuve morale à nos derniers calculs ?

L'âge moyen auquel l'homme se marie est celui de trente ans ; l'âge moyen auquel ses passions, ses désirs les plus violens de jouissances génésiques se développent, est celui de vingt ans. Or, pendant les dix plus belles années de sa vie, pendant la verte saison où sa beauté, sa jeunesse et son esprit le rendent plus menaçant pour les maris qu'à toute autre époque de son existence, il reste sans trouver à satisfaire *légalement* cet irrésistible besoin d'aimer qui ébranle son être tout entier. Ce laps de temps représentant le sixième de la vie humaine, nous devons admettre que le sixième au moins de notre masse d'hommes, et le sixième le plus vigoureux, demeure perpétuellement dans une attitude aussi fatigante pour eux que dangereuse pour la société.

Que ne les marie-t-on? va s'écrier une dévote.

Mais quel est le père de bon sens qui voudrait marier son fils à vingt ans?

Ne connaît-on pas le danger de ces unions précoces? Il semble que le mariage soit un état bien contraire aux habitudes naturelles, puisqu'il exige une maturité de raison particulière. Enfin, tout le monde sait que Rousseau a dit : « Il faut toujours un temps de libertinage, ou dans un état ou dans l'autre. C'est un mauvais levain qui fermente tôt ou tard. »

Or, qu'elle est la mère de famille qui expo

serait le bonheur de sa fille aux hasards de cette fermentation quand elle n'a pas eu lieu?

D'ailleurs, qu'est-il besoin de justifier un fait sous l'empire duquel existent toutes les sociétés? N'y a-t-il pas en tous pays, comme nous l'avons démontré, une immense quantité d'hommes qui vivent le plus honnêtement possible hors du célibat et du mariage?

Ces hommes ne peuvent-ils pas, dira toujours la dévote, rester dans la continence comme les prêtres?

D'accord.

Cependant nous ferons observer que le vœu de chasteté est une des plus fortes exceptions de l'état naturel nécessitées par la société; que la continence est le grand point de la profession du prêtre; qu'il doit être chaste comme le médecin est insensible aux maux physiques, comme le notaire et l'avoué le sont à la misère qui leur développe ses plaies, comme le militaire l'est à la mort qui l'environne sur un champ de bataille. De ce que les besoins de la civilisation ossifient certaines fibres du cœur et forment des calus sur certaines membranes qui doivent résonner, il n'en faut pas conclure que tous les hommes sont tenus de subir ces morts partielles et exceptionnelles de l'âme. Ce serait conduire le genre humain à un exécrable suicide moral.

Mais qu'il se propose cependant au sein du salon le plus janséniste possible, un jeune homme de vingt-huit ans, qui ait bien précieusement gardé sa robe d'innocence et qui soit aussi vierge que les coqs de bruyère dont les gourmets se festoyent, ne voyez-vous pas d'ici la femme vertueuse la plus austère lui adresser quelque compliment bien amer sur son courage, le magistrat le plus sévère qui soit monté sur le siége hocher la tête en souriant et toutes les dames se cacher pour ne pas lui laisser entendre leurs rires. L'héroïque et introuvable victime se retire-t-elle du salon, quel déluge de plaisanteries pleut sur sa tête innocente !... Que d'insultes ! Qu'y a-t-il de plus honteux en France que l'impuissance? que la froideur? que l'absence de toute passion? que la niaiserie?

Le seul roi de France qui n'étoufferait pas de rire, serait peut-être Louis XIII ; mais quant à son vert-galant de père, il aurait peut-être banni un tel jouvenceau soit en l'accucusant de n'être pas Français soit en le croyant d'un dangereux exemple.

Étrange contradiction ! Un jeune homme est également blâmé s'il passe sa vie en *terre sainte*, pour nous servir d'une expression de la vie de garçon ! Serait-ce par hasard au profit des femmes honnêtes que les préfets de police et les maires ont de tout temps ordonné aux passions publiques de ne commencer qu'à la nuit tombante et de cesser à onze heures du soir ?

Où voulez-vous donc que notre masse du célibataires jette sa gourme ? Et qui trompe-t-on donc ici ? comme demande Figaro. Sont-ce les gouvernans ou les gouvernés ? L'ordre social est-il comme ces petits garçons qui se bouchent les oreilles au spectacle pour ne pas entendre les coups de fusil ? A-t-il peur de sonder sa plaie ? Ou serait-il reconnu que ce mal est sans remède et qu'il faut laisser aller les choses ?

Mais il y a ici une question de législation ; car il est impossible d'échapper au dilemme matériel et social qui résulte de ce bilan de la vertu publique en fait de mariage.

Il ne nous appartient pas de résoudre cette difficulté ; cependant supposons un moment que pour préserver tant de familles, tant de femmes, tant de filles honnêtes, la société se vît contrainte de donner à des cœurs patentés le droit de satisfaire aux célibataires : alors nos lois ne devraient-elles pas ériger en corps de métier, ces espèces de Décius femelles qui se dévouent pour la république et font aux familles honnêtes un rempart de leurs corps. Les législateurs ont bien eu tort de dédaigner jusqu'ici de régler le sort des courtisannes. Elles sont une institution si elles sont un besoin.

Cette question est hérissée de tant de *si* et de *mais* que nous la léguons à nos neveux, il faut leur laisser quelque chose à faire. D'ailleurs elle est tout à fait accidentelle dans cet ouvrage ; car aujourd'hui, plus qu'en aucun temps, la sensibilité s'est développée ; à aucune époque, il n'y a eu autant de mœurs, parce qu'on n'a jamais si bien senti que le plaisir vient du cœur. Or, quel est l'homme à sentiment, le célibataire qui, en présence de quatre cent mille jeunes et jolies femmes, parées des splendeurs de la fortune et des grâces de l'esprit, riches des trésors de la coquetterie et prodigues de bonheur, voudrait aller..... fi donc.

Mettons pour nos futurs législateurs, sous des formules claires et brèves, le résultat de ces dernières observations.

APHORISMES.

I.

Dans l'ordre social, les abus inévitables sont des lois de la nature d'après lesquelles l'homme doit concevoir ses lois civiles et politiques.

II.

L'adultère est une faillite, à cette différence près, dit Champfort, que c'est celui à qui l'on fait banqueroute qui est déshonoré. En France, les lois sur l'adultère et sur les faillites ont besoin de grandes modifications. Sont-elles trop douces, péchent-elles par leurs principes?

Eh bien, courageux athlète, toi qui as pris pour ton compte la petite apostrophe que notre première méditation adresse aux gens chargés d'une femme, qu'en dis-tu ? ·

Il faut espérer que ce coup-d'œil jeté sur la question ne te fait pas trembler, que tu n'es pas un de ces hommes dont l'épine dorsale devient brûlante et dont le fluide nerveux se glace à l'aspect d'un précipice ou d'un Boa *constrictor !* Hé ! mon ami, qui a terre a guerre. Les hommes qui désirent ton argent sont encore bien plus nombreux que ceux qui désirent ta femme.

Après tout, les maris sont libres de prendre ces bagatelles pour des calculs ou ces calculs pour des bagatelles ; car, ce qu'il y a de plus beau dans la vie, ce sont les illusions de la vie. Ce qu'il y a de plus respectable ce sont nos croyances les plus futiles. N'existe-t-il pas beaucoup de gens dont les principes ne sont que des préjugés ; et qui, n'ayant pas assez de force pour concevoir le bonheur et la vertu par eux-mêmes, acceptent une vertu et un bonheur tout faits de la main des législateurs.

Aussi nous ne nous adressons qu'à tous ces

Manfred qui, pour avoir relevé trop de robes, veulent lever tous les voiles dans les momens où une sorte de spleen moral les tourmente.

Pour eux, maintenant la question est hardiment posée et nous connaissons l'étendue du mal. Il nous reste à examiner les chances générales qui se peuvent rencontrer dans le mariage de chaque homme et le rendre moins fort dans le combat dont notre champion doit sortir vainqueur.

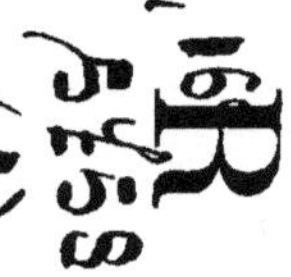

MÉDITATION V.

Des Prédestinés.

PRÉDESTINÉ signifie destiné par avance au bonheur ou au malheur. La théologie s'est emparée de ce mot et l'employe toujours pour désigner les bienheureux; nous lui donnons ici une signification toute fatale à nos élus, dont on peut dire le contraire de ceux de l'Évangile. « Beaucoup d'appelés, beaucoup d'élus. »

L'expérience a démontré qu'il existait certaines classes d'hommes plus sujettes que les autres à certains malheurs : ainsi, comme les Gascons sont exagérés, les Parisiens vaniteux, comme on voit l'apoplexie s'attaquer aux gens dont le col est court, comme le *charbon* (sorte de peste) se jette de préférence sur les bouchers, la goutte sur les riches, la santé sur les pauvres, la surdité sur les rois, la paralysie sur les administrateurs, on a remarqué que certaines classes de maris étaient plus particulièrement victimes des passions illégitimes. Ces maris et leurs femmes accaparent les célibataires, c'est une aristocratie d'un autre genre.

Si quelque lecteur se trouvait dans une de ces classes aristocratiques, il aura, nous l'espérons, assez de présence d'esprit, lui ou sa femme, pour se rappeler à l'instant l'axiome favori de la grammaire latine de Lhomond : pas de règle sans exception. Un ami de la maison pourra même citer ce vers :

La personne présente est toujours exceptée.

Et alors chacun d'eux aura, *in petto*, le droit de se croire une exception. Mais notre devoir, l'intérêt que nous portons aux maris et l'envie que nous avons de préserver tant de jeunes et jolies femmes des caprices et des malheurs que traîne à sa suite un amant, nous forcent à signaler par ordre les maris qui doivent se tenir plus particulièrement sur leurs gardes.

Dans ce dénombrement, paraîtront les premiers tous les maris que leurs affaires, places ou fonctions, chassent du logis à certaines heures et pendant un certain temps. Ceux-là porteront la bannière de la confrérie.

Parmi eux, nous distinguerons les magistrats, tant amovibles qu'inamovibles, obligés de rester au Palais, pendant une grande partie de la journée : les autres fonctionnaires trouvent quelquefois les moyens de quitter leurs bureaux ; mais un juge ou un procureur du Roi, assis sur les lys, doit, pour ainsi dire, mourir pendant l'audience. Là est son champ de bataille.

Il en est de même des députés et des pairs qui discutent les lois, des ministres qui travaillent avec le Roi, des directeurs qui travaillent avec les ministres, des militaires en campagne, et enfin du caporal en patrouille, comme le prouve la lettre de Lafleur, dans le Voyage Sentimental.

Après les gens forcés de s'absenter du logis à des heures fixes, viennent les hommes à qui de vastes et sérieuses occupations ne laissent pas une minute pour être aimables : leurs fronts sont toujours soucieux, leur entretien est rarement gai.

A la tête de ces troupes incornifistibulées, nous placerons ces banquiers travaillant à remuer des millions, dont les têtes sont tellement remplies de calculs que les chiffres finissent par percer leur occiput et s'élever en colonnes d'additions au-dessus de leurs fronts.

Ces millionnaires oublient la plupart du temps les saintes lois du mariage et les soins réclamés par la tendre fleur qu'ils ont à cultiver : jamais ne pensent à l'arroser, à la préserver du froid et du chaud. A peine savent-ils que le bonheur d'une épouse leur a été confié; s'ils s'en souviennent, c'est à table en voyant devant eux une femme richement parée, ou lorsque la coquette, craignant leur abord brutal, vient, aussi gracieuse que Vénus, puiser à leur caisse... Oh, alors, le soir, ils se rappellent quelquefois assez fortement les droits spécifiés à l'article 213 du Code civil, et leurs femmes les reconnaissent, mais comme ces forts impôts que les lois établissent sur les marchandises étrangères : elles les souffrent et les acquittent en vertu de cet axiome : il n'y a pas de plaisir sans un peu de peine.

Les savans, qui demeurent des mois entiers à ronger l'os d'un animal anté-diluvien, à calculer les lois de la nature ou à en épier les secrets ; les Grecs et les Latins, qui dînent d'une pensée de Tacite, soupent d'une phrase de Thucydide, vivent en essuyant la poussière des bibliothèques, en restant à l'affût d'une note ou d'un papyrus, sont tous prédestinés. Rien de ce qui se passe autour d'eux ne les frappe, tant est grande leur absorption, leur extase : leur malheur se consommerait en plein midi, à peine le verraient-ils ! Heureux ! ô mille fois heureux ! Exemple : M. Beauzée qui, revenant chez lui après une séance de l'académie, surprend sa femme avec un Allemand.

— Quand je vous avertissais, madame, qu'il

fallait que je m'en aille..... s'écrie l'étranger.

— Eh! monsieur, dites au moins, que je m'en allasse ! reprend l'académicien.

Viennent encore, la lyre à la main, quelques poètes dont toutes les forces animales abandonnent l'entresol pour aller dans l'étage supérieur. Sachant mieux monter Pégase que la jument du compère Pierre, ils se marient même rarement, habitués qu'ils sont à jeter, par intervalle, leur fureur sur des Chloris vagabondes ou imaginaires.

Mais les hommes dont le nez est barbouillé de tabac ;

Mais ceux qui, par malheur, sont nés avec une éternelle pituite ;

Mais les maris qui fument ou qui chiquent ;

Mais les gens auxquels un caractère sec et bilieux donne toujours l'air d'avoir mangé une pomme aigre ;

Mais les hommes qui, dans la vie privée, ont quelques habitudes cyniques, quelques pratiques ridicules, qui gardent, malgré tout, un air de malpropreté ;

Mais les maris qui obtiennent le nom déshonorant de Chauffe-la-couche ;

Enfin, les vieillards qui épousent de jeunes personnes;

Tous ces gens-là sont les prédestinés par excellence !

Il est une dernière classe de prédestinés dont l'infortune est encore presque certaine. Ce sont ces hommes inquiets et tracassiers, *tatillons* et tyranniques, qui ont je ne sais quelles idées de domination domestique, qui pensent ouvertement mal des femmes et qui n'entendent pas plus la vie que les hannetons ne connaissent l'histoire naturelle. Quand ces hommes-là se marient, leurs ménages ont l'air de ces guêpes auxquelles un écolier a tranché la tête et qui voltigent çà et là sur une vitre. Pour cette sorte de prédestinés ce livre est lettres closes. Nous n'écrivons pas plus pour ces imbécilles statues ambulantes qui ressemblent à des sculptures de cathédrale, que pour les vieilles machines de Marly qui ne peuvent plus élever d'eau dans les bosquets de Versailles sans être menacées d'une dissolution subite.

Je vais rarement observer dans les salons les singularités conjugales dont ils fourmillent sans avoir présent à la mémoire un spectacle dont j'ai joui dans ma jeunesse.

En 1819, j'habitais une chaumière au sein de la délicieuse vallée de l'Isle-Adam. Mon hermitage était voisin du parc de Cassan, la plus suave retraite, la plus voluptueuse à voir, la plus coquette pour le promeneur, la plus humide en été de toutes celles que le luxe et l'art ont créées. Cette verte chartreuse est dûe à un fermier général du bon vieux temps, un M. Bergeret, homme célèbre par son originalité, et qui, entre autres héliogabaleries, allait à l'opéra les cheveux poudrés d'or, illuminait pour lui seul son parc ou se donnait à lui-même une fête somptueuse. Ce bourgeois Sardanapale était revenu d'Italie, si passionné pour les sites de cette belle contrée que, par un accès de fanatisme, il dépensa quatre ou cinq millions à faire copier dans son parc les vues qu'il avait en portefeuille.

Les plus ravissantes oppositions de feuillages, les arbres les plus rares, les longues vallées, les points de vue les plus pittoresques du dehors, les îles Borromées flottant sur des eaux claires et capricieuses sont autant de

rayons qui viennent apporter leurs trésors
d'optique à un centre unique, à une *isola bella*
d'où l'œil enchanté aperçoit chaque détail à son
gré, à une île au sein de laquelle est une petite maison cachée sous les panaches de quelques saules centenaires, à une île bordée de
glayeuls, de roseaux, de fleurs et qui ressemble à une émeraude richement sertie.

C'est à fuir de mille lieues !... Le plus mala-
dif, le plus chagrin, le plus sec de ceux de nos
hommes de génie qui ne se portent pas bien,
mourrait là de gras fondu et de satisfaction au
bout de quinze jours, accablé de succulentes
richesses d'une vie végétative.

L'homme assez insouciant de cet Éden, et
qui le possédait alors, s'était amouraché d'un
grand singe, à défaut d'enfant ou de femme.
Jadis aimé d'une impératrice, disait-on, peut-
être en avait-il assez de l'espèce humaine. Une
élégante lanterne de bois, supportée par une
colonne sculptée, servait d'habitation au malicieux animal qui, mis à la chaîne et rarement
caressé par un maître fantasque plus souvent
à Paris qu'à sa terre, avait acquis une fort mau-
vaise réputation. Je me souviens de l'avoir vu,

en présence de certaines dames, devenir pres-
qu'aussi insolent qu'un homme. Le propriétaire fut obligé de le tuer tant sa méchanceté
alla croissant.

Un matin que j'étais assis sous un beau tu-
lipier en fleurs, occupé à ne rien faire, mais
respirant les amoureux parfums que de hauts
peupliers empêchaient de sortir de cette brillante enceinte, savourant le silence des bois,
écoutant les murmures de l'eau et le bruisse-
ment des feuilles, admirant les découpures
bleues que dessinaient au-dessus de ma tête
des nuages de nacre et d'or, flânant peut-être
dans ma vie future, j'entendis je ne sais quel
lourdaud, arrivé la veille de Paris, jouer du
violon avec la rage subite d'un désœuvré. Je ne
souhaiterais pas à mon plus cruel ennemi d'é-
prouver un saisissement aussi disparate avec la
sublime harmonie de la nature. Si les sons loin-
tains du cor de Roland eussent animé les airs,
peut-être... mais une criarde chanterelle, qui
a la prétention de vous apporter des idées humaines et des phrases !

Cet Amphion, qui se promenait de long en
large dans la salle à manger, finit par s'as-

scoir sur l'appui d'une croisée précisément
en face du singe. Peut-être cherchait-il un
public.

Tout à coup je vis l'animal descendre doucement de son petit donjon, se planter sur ses
deux pieds, incliner sa tête comme un nageur
et se croiser les bras sur la poitrine comme
aurait pu le faire Spartacus enchaîné ou Ca-
tilina écoutant Cicéron.

Le banquier, appelé par une douce voix
dont le timbre argentin réveilla les échos d'un
boudoir à moi connu, posa le violon sur l'appui de la croisée et s'échappa comme une hi-
rondelle qui rejoint sa compagne d'un vol
horizontal et rapide.

Le grand singe, dont la chaîne était longue,
arriva jusqu'à la fenêtre et prit gravement le
violon. Je ne sais pas si vous avez eu comme
moi le plaisir de voir un singe essayant d'apprendre la musique ; mais en ce moment, que
je ne ris plus autant qu'en ces jours d'insouciance, je ne pense jamais à mon singe sans
sourire. Le demi-homme commença par em-
poigner l'instrument à pleine main et par le
flairer comme s'il se fût agi de déguster une

pomme. Son aspiration nazale fit problable-
ment rendre une sourde harmonie au bois so-
nore, et alors l'orang-outang hocha la tête,
il tourna, retourna, haussa, baissa le violon,
le mit tout droit, et l'agita, le porta à son
oreille, le laissa et le reprit avec une rapidité
de mouvemens dont la prestesse n'appartient
qu'à ces animaux.

Il interrogeait le bois muet avec une sagacité sans but, qui avait je ne sais quoi de
merveilleux et d'incomplet. Enfin il tâcha, de
la manière la plus grotesque, de placer le violon sous son menton en tenant le manche
d'une main ; mais, comme un enfant gâté, il se
lassa d'une étude qui demandait une habileté
trop longue à acquérir, et il pinça les cordes
sans pouvoir obtenir autre chose que des
sons discords. Il se fâcha, posa le violon sur
l'appui de la croisée ; et, saisissant l'archet, il
se mit à le pousser et à le retirer violemment,
comme un maçon qui scie une pierre. Cette
nouvelle tentative n'ayant réussi qu'à fatiguer
davantage ses savantes oreilles, il prit l'archet
à deux mains, puis frappa sur l'innocent instrument, source de plaisir et d'harmonie, à coups

pressés. Il me sembla voir un écolier tenir sous lui un camarade renversé et le nourrir d'une volée de coups de poings précipitamment assénés, pour le corriger d'une lâcheté.

Le violon jugé et condamné, le singe s'assit sur les débris et s'amusa avec une joie stupide à mêler la blonde chevelure de l'archet cassé.

Jamais, depuis ce jour, je n'ai pu voir les ménages des prédestinés sans comparer la plupart des maris à cet orang-outang voulant jouer du violon.

L'amour est la plus mélodieuse de toutes les harmonies. Nous en avons le sentiment inné. La femme est un délicieux instrument de plaisir, mais il faut en connaître les frémissantes cordes, en étudier la pose, le clavier timide, le doigté changeant et capricieux.

Que d'orangs!..... que d'hommes, veux-je dire, se marient sans savoir ce qu'est une femme! Que de prédestinés ont procédé avec elles comme le singe de Cassan avec son violon. Ils ont brisé le cœur qu'ils ne comprenaient pas, comme ils ont flétri et dédaigné le bijou dont le secret leur était inconnu. Enfans toute leur vie, ils s'en vont de la vie les mains vides, ayant végété, ayant parlé d'amour et de plaisir, de libertinage et de vertu, comme les esclaves parlent de la liberté.

Presque tous se sont mariés dans l'ignorance la plus profonde et de la femme et de l'amour. Ils ont commencé par enfoncer la porte d'une maison étrangère et ils ont voulu être bien reçus au salon.

Mais l'artiste le plus vulgaire sait qu'il existe entre lui et son instrument, son instrument qui est de bois ou d'ivoire! une sorte d'amitié indéfinissable. Il sait, par expérience, qu'il lui a fallu des années pour établir ce rapport mystérieux entre une matière inerte et lui. Il n'en a pas deviné du premier coup les ressources et les caprices, les défauts et les vertus. Son instrument ne devient une âme pour lui et n'est une source de mélodie, qu'après de longues études. Ils ne parviennent à se connaître comme deux amis qu'après les interrogations les plus savantes.

Est-ce en restant accroupi dans la vie, comme un séminariste dans sa cellule, qu'un homme peut apprendre la femme et savoir déchiffrer cet admirable solfège? Est-ce un homme qui fait métier de penser pour les autres, de juger les autres, de gouverner les autres, de voler l'argent des autres, de nourrir, de guérir, de blesser les autres, sont-ce tous nos prédestinés enfin, qui peuvent employer leur temps à étudier une femme?

Ils vendent leur temps, comment le donneraient-ils au bonheur? L'argent est leur dieu. L'on ne sert pas deux maîtres à la fois.

Aussi le monde est-il plein de jeunes femmes qui se traînent pâles et débiles, malades et souffrantes. Les unes sont la proie d'inflammations plus ou moins graves, les autres restent sous la cruelle domination d'attaques nerveuses plus ou moins violentes. Tous les maris de ces femmes-là sont des ignares et des prédestinés. Ils ont causé leur malheur avec le soin qu'un mari-artiste aurait mis à faire éclore les tardives et délicieuses fleurs du plaisir. Le temps qu'un ignorant passe à consommer sa ruine est précisément celui qu'un homme habile sait employer à l'éducation de son bonheur.

Dans les méditations précédentes, nous avons accusé l'étendue du mal avec l'irrespectueuse audace des chirurgiens qui développent hardiment les tissus menteurs sous lesquels une honteuse blessure est cachée. La vertu publique, traduite sur la table de notre amphithéâtre, n'a pas même laissé de cadavre sous le scalpel. Amant ou mari, vous avez souri ou frémi du mal? Eh bien! c'est avec une joie malicieuse que nous reportons cet immense fardeau social sur la conscience des prédestinés. Arlequin, essayant de savoir si son cheval peut s'accoutumer à ne pas manger, n'est pas plus ridicule que ces hommes qui veulent trouver le bonheur en ménage et ne pas le cultiver avec tous les soins qu'il réclame. Les fautes des femmes sont autant d'actes d'accusation contre l'égoïsme, l'insouciance et la nullité des maris.

Maintenant c'est à vous-même, vous lecteur, qui avez souvent condamné votre crime dans un autre, c'est à vous de tenir la balance. L'un des bassins est assez chargé, voyez ce que vous mettrez dans l'autre? Evaluez le nombre de prédestinés qui peut se rencontrer dans la somme totale des gens mariés, et pesez : vous saurez où est le mal.

Essayons de pénétrer plus avant dans les causes de cette maladie conjugale.

Le mot *amour*, appliqué à la reproduction de l'espèce, est le plus odieux blasphème que les mœurs modernes aient appris à proférer. La nature, en nous élevant au-dessus des bêtes par le divin présent de la pensée, nous a rendus aptes à éprouver des sensations et des sentimens, des besoins et des passions. Cette double nature crée en l'homme l'animal et l'amant. Cette distinction va éclairer le problème social qui nous occupe.

Le mariage peut être considéré politiquement, civilement et moralement, comme une loi, comme un contrat, comme une institution : loi, c'est la reproduction de l'espèce ; contrat, c'est la transmission des propriétés ; institution, c'est une garantie dont les obligations intéressent tous les hommes : ils ont un père et une mère, ils auront des enfans. Le mariage doit donc être l'objet du respect général.

La société n'a pu considérer que ces sommités qui, pour elle, dominent la question conjugale.

La plupart des hommes n'ont eu en vue, par leur mariage, que la reproduction, la propriété ou l'enfant; mais ni la reproduction, ni la propriété, ni l'enfant ne constituent le bonheur. Le *crescite et multiplicamini* n'implique pas l'amour. Demander à une fille, que l'on a vue quatorze fois en quinze jours, de l'amour de par la loi, le roi et justice, est une absurdité digne de la plupart des prédestinés!

L'amour est l'accord du besoin et du sentiment; et le bonheur, en mariage, résulte d'une parfaite entente des âmes entre les époux. Il suit de là que, pour être heureux, un homme est obligé de s'astreindre à certaines règles d'honneur et de délicatesse. Après avoir usé du bénéfice de la loi sociale qui consacre le besoin, il doit obéir aux lois secrètes de la nature qui font éclore les sentimens. S'il met son bonheur à être aimé, il faut qu'il aime sincèrement : rien ne résiste à une passion véritable.

Mais être passionné, c'est désirer toujours. Peut-on toujours désirer sa femme?

Oui.

Il est aussi absurde de prétendre qu'il est

impossible de toujours aimer la même femme, qu'il peut l'être de dire qu'un artiste célèbre a besoin de plusieurs violons pour exécuter un morceau de musique et pour créer une mélodie enchanteresse.

L'amour est la poésie des sens. Il a la destinée de tout ce qui est grand chez l'homme et de tout ce qui procède de sa pensée. Ou il est sublime, ou il n'est pas. Quand il existe, il existe à jamais et va toujours croissant. C'est là cet amour que les anciens faisaient fils du Ciel et de la Terre.

La littérature roule sur sept situations; la musique exprime tout avec sept notes; la peinture n'a que sept couleurs; comme ces trois arts l'amour se constitue peut-être de sept principes dont nous abandonnons la recherche au siècle suivant.

Si la poésie, la musique et la peinture ont des expressions infinies, les plaisirs de l'amour doivent en offrir encore bien davantage; car dans les trois arts, qui nous aident à chercher peut-être infructueusement la vérité par analogie, l'homme se trouve seul avec son imagination, tandis que l'amour est la réunion de deux corps et de deux âmes. Si les trois principaux modes qui servent à exprimer la pensée demandent des études préliminaires même à ceux que la nature a créés poètes, musiciens ou peintres, ne tombe-t-il pas sous le sens, qu'il est nécessaire de s'initier dans les secrets du plaisir pour être heureux? Tous les hommes ressentent le besoin de la reproduction, comme tous ont faim et soif, mais ils ne sont pas tous appelés à être amans et gastronomes. Notre civilisation actuelle a prouvé que le goût était une science et qu'il n'appartenait qu'à certains êtres privilégiés de savoir boire et manger. Le plaisir considéré comme un art, attend son physiologiste. Pour nous il suffit d'avoir démontré que l'ignorance seule des principes constitutifs du bonheur produit l'infortune qui attend tous les prédestinés.

C'est avec la plus grande timidité que nous oserons hasarder la publication de quelques aphorismes qui pourront donner naissance à cet art nouveau comme des plâtres ont créé la Géologie. Nous les livrons aux méditations des philosophes, des jeunes gens à marier et des prédestinés.

CATÉCHISME CONJUGAL.

I.

Le mariage est une science.

II.

Un homme ne peut pas se marier sans avoir étudié l'anatomie et disséqué au moins une femme.

III.

Un mari qui débute avec sa femme par un viol, est un homme perdu. Il ne sera jamais aimé.

IV.

La femme privée de son libre-arbitre ne peut jamais avoir le mérite de faire un sacrifice.

V.

En amour, toute âme mise à part, la femme est comme une lyre qui ne livre ses secrets qu'à celui qui en sait bien jouer.

VI.

Indépendamment d'un mouvement répulsif, il existe dans l'âme de toutes les femmes un sentiment qui tend à proscrire tôt ou tard les plaisirs dénués de passion.

VII.

L'intérêt d'un mari lui prescrit au moins autant que l'honneur de ne jamais se permettre un plaisir qu'il n'ait eu le talent de faire désirer par sa femme.

VIII.

Le plaisir étant causé par l'alliance des sensations et d'un sentiment, on peut hardiment prétendre que les plaisirs sont des espèces d'idées matérielles.

IX.

Les idées se combinant à l'infini, il doit en être de même des plaisirs.

X.

Il ne se rencontre pas plus dans la vie de l'homme deux momens de plaisirs semblables, qu'il n'y a deux feuilles exactement pareilles sur un même arbre.

XI.

S'il existe des différences entre un moment de plaisir et un autre, un homme peut toujours être heureux avec la même femme.

XII.

Saisir habilement les nuances du plaisir, les développer, leur donner un style nouveau, une expression originale, constitue le génie d'un mari.

XIII.

Entre deux êtres qui ne s'aiment pas, ce génie est du libertinage ; mais les caresses auxquelles l'amour préside, ne sont jamais lascives.

XIV.

La femme mariée la plus chaste, peut être aussi la plus voluptueuse.

XV.

La femme la plus vertueuse peut être indécente à son insu.

XVI.

Quand deux êtres sont unis par le plaisir, toutes les conventions sociales dorment. Cette situation cache un écueil sur lequel se sont brisées bien des embarcations. Un mari est perdu s'il oublie une seule fois qu'il existe une pudeur indépendante des voiles. L'amour conjugal ne doit jamais mettre ni ôter son bandeau qu'à propos.

XVII.

La puissance ne consiste pas à frapper fort ou souvent, mais à frapper juste.

XVIII.

Faire naître un désir, le nourrir, le développer, le grandir, l'irriter, le satisfaire, c'est un poëme tout entier.

XIX.

L'ordre des plaisirs, est du distique au quatrain, du quatrain au sonnet, du sonnet à la cantate, de la cantate au dithyrambe.

XX.

Le mari qui commence par le dithyrambe est un sot.

XXI.

Chaque nuit doit avoir son menu.

XXII.

Le mariage doit incessamment combattre un monstre qui dévore tout : l'habitude.

XXIII.

Si un homme ne sait pas distinguer la différence des plaisirs de deux nuits consécutives, il s'est marié trop tôt.

XXIV.

Il est plus facile d'être amant que mari, par la raison qu'il est plus difficile d'avoir de l'esprit tous les jours que de dire de jolies choses de temps en temps.

XXV.

Un mari ne doit jamais s'endormir le premier ni se réveiller le dernier.

XXVI.

L'homme qui entre dans le cabinet de toilette de sa femme est un philosophe ou un imbécile.

XXVII.

Le mari qui ne laisse rien à désirer est un homme perdu.

XXVIII.

La femme mariée est un esclave qu'il faut savoir mettre sur un trône.

XXIX.

Un homme ne peut se flatter de connaître sa femme et de la rendre heureuse, que quand il la voit souvent à ses genoux.

—

C'était à toute la troupe ignorante de nos prédestinés, à nos légions de catharreux, de fumeurs, de priseurs, de vieillards, de grondeurs, etc., que Sterne adressait la lettre écrite, dans le Tristram Sandy, par Gauthier Shandy à son frère Tobie, quand ce dernier se proposait d'épouser la veuve Wadman.

Les célébres instructions que le plus original des écrivains anglais a consignées dans cette lettre, pouvant, à quelques exceptions près, compléter nos observations sur la manière de se conduire auprès des femmes, nous l'offrons textuellement aux réflexions des prédestinés.

Lettre de M. Shandy au capitaine Tobie Shandy.

« Mon cher frère Tobie,

» Ce que je vais te dire a rapport à la nature des femmes, et à la manière de leur faire l'amour. Et peut-être est-il heureux pour toi (quoiqu'il ne le soit pas autant pour moi) que l'occasion se soit offerte, et que je me sois trouvé capable de t'écrire quelques instructions sur ce sujet.

» Si c'eût été le bon plaisir de celui qui distribue nos lois, de te départir plus de connaissances qu'à moi ; j'aurais été charmé que tu te fusses assis à ma place, et que cette plume fût entre tes mains ; mais, puisque c'est à moi à t'instruire, et que madame Shandy est là auprès de moi, se disposant à se mettre au lit, je vais jeter ensemble et sans ordre sur le papier des idées et des préceptes concernant le mariage, tels qu'ils me viendront à l'esprit, et que je croirai qu'ils pourront être d'usage pour toi ; voulant en cela te donner un gage de mon amitié, et ne doutant pas, mon cher,

Tobie, de la reconnaissance avec laquelle tu la recevras.

» En premier lieu, à l'égard de ce qui concerne la religion dans cette affaire (quoique le feu qui monte au visage me fasse apercevoir que je rougis en te parlant sur ce sujet; quoique je sache, en dépit de ta modestie, qui nous le laisserait ignorer, que tu ne négliges aucune de ses pieuses pratiques), il en est une cependant que je voudrais te recommander d'une manière plus particulière, pour que tu ne l'oubliasses point, du moins pendant tout le temps que dureront tes amours. Cette pratique, frère Tobie, c'est de ne jamais te présenter chez celle qui est l'objet de tes poursuites, soit le matin, soit le soir, sans te recommander auparavant à la protection du Dieu tout-puissant, pour qu'il te préserve de tout malheur.

» Tu te raseras la tête, et tu la laveras tous les quatre ou cinq jours, et même plus souvent, si tu le peux, de peur qu'en ôtant ta perruque dans un moment de distraction, elle ne distingue combien de tes cheveux sont tombés sous la main du temps, et combien sous celle de Trim.

» Il faut, autant que tu le pourras, éloigner de de son imagination toute idée de tête chauve.

» Mets-toi bien dans l'esprit, Tobie, et suis cette maxime comme sûre :

» *Toutes les femmes sont timides.* Et il est heureux qu'elles le soient; autrement, qui voudrait avoir affaire avec elles ?

» Que tes culottes ne soient ni trop étroites ni trop larges, et ne ressemblent pas à ces grandes culottes de nos ancêtres.

» Un juste *medium* prévient tous les commentaires.

» Quelque chose que tu aies à dire, soit que tu aies peu ou beaucoup à parler, modère toujours le son de ta voix. Le silence et tout ce qui en approche grave dans la mémoire les mystères de la nuit. C'est pourquoi, si tu peux l'éviter, ne laisse jamais tomber la pelle ni les pincettes.

» Dans tes conversations avec elle, évite toute plaisanterie et toute raillerie ; et, autant que tu pourras, ne lui laisse lire aucun livre jovial. Il y a quelques traités de dévotion que tu peux lui permettre (quoique j'aimasse mieux qu'elle ne les lût point), mais ne souffre pas qu'elle lise Rabelais, Scarron, ou Don-Quichotte.

» Tous ces livres excitent le rire ; et tu sais, cher Tobie, que rien n'est plus sérieux que les fins du mariage.

» Attache toujours une épingle à ton jabot avant d'entrer chez elle.

» Si elle te permet de t'asseoir sur le même sopha, et qu'elle te donne la facilité de poser ta main sur la sienne, résiste à cette tentation. Tu ne saurais prendre sa main, sans que la température de la tienne lui fasse deviner ce qui se passe en toi. Laisse-la toujours dans l'indécision sur ce point et sur beaucoup d'autres. En te conduisant ainsi, tu auras au moins sa curiosité pour toi ; et si ta belle n'est pas encore entièrement soumise, et que ton *âne* continue à regimber (ce qui est fort probable), tu te feras tirer quelques onces de sang au-dessous des oreilles, suivant la pratique des anciens Scythes, qui guérissaient par ce moyen les appétits les plus désordonnés de nos sens.

» Avicenne est d'avis que l'on se frotte ensuite avec de l'extrait d'ellébore, après les évacuations et purgations convenables : et je penserais assez comme lui. Mais surtout ne mange que peu, ou point de bouc ni de cerf ; et abstiens-toi soigneusement, c'est-à-dire, autant que tu le pourras, de paons, de grues, de foulques, de plongeons et de poules d'eau.

» Pour ta boisson : je n'ai pas besoin de te dire que ce doit être une infusion de verveine et d'herbe hanéa, de laquelle Elien rapporte des effets surprenans. Mais si ton estomac en souffrait, tu devrais en discontinuer l'usage, et vivre de concombres, de melons, de pourpier et de laitue.

» Il ne se présente pas pour le moment autre chose à te dire.

» A moins que la guerre venant à se déclarer.....

» Ainsi, mon cher Tobie, je désire que tout aille pour le mieux ;

» Et je suis ton affectionné frère,

» GAUTHIER SHANDY. »

Dans les circonstances actuelles, Sterne lui-même retrancherait sans doute de sa lettre l'article de *l'âne*; et, loin de conseiller à un prédestiné de se faire tirer du sang, il changerait le régime des concombres et des laitues en un régime éminemment substantiel. Il recommandait alors l'économie pour arriver à une profusion magique au moment de la guerre, imitant en cela l'admirable gouvernement anglais qui, en temps de paix, a deux cents vaisseaux, mais dont les chantiers peuvent au besoin en fournir le double quand il s'agit d'embrasser les mers et de s'emparer d'une marine tout entière.

Quand un homme appartient au petit nombre de ceux qu'une éducation généreuse investit du domaine de la pensée, il devrait toujours, avant de se marier, consulter ses forces et physiques et morales. Pour lutter avec avantage contre les tempêtes que tant de séductions s'apprêtent à élever dans le cœur de sa femme, un mari doit avoir, outre la science du plaisir et une fortune qui lui permette de ne se trouver dans aucune classe de prédestinés, une santé robuste, un tact exquis, beaucoup d'esprit, assez de bon sens pour ne faire sentir sa supériorité que dans les circonstances opportunes, et enfin une finesse excessive d'ouïe et de vue.

S'il avait une belle figure, une jolie taille, un air mâle et qu'il restât en arrière de toutes ces promesses, il rentrerait dans la classe des prédestinés. Aussi un mari laid, mais dont la figure est pleine d'expression, serait, si sa femme a oublié une seule fois sa laideur, dans la situation la plus favorable pour combattre le génie du mal.

Il s'étudiera, et c'est un oubli dans la lettre de Sterne, à rester constamment inodore, pour ne pas donner de prise au dégoût. Aussi fera-t-il un médiocre usage des parfums, qui exposent toujours les beautés à d'injurieux soupçons.

Il devra étudier sa conduite, éplucher ses discours comme s'il était le courtisan de la femme la plus inconstante. C'est pour lui qu'un philosophe a fait la réflexion suivante :

« Telle femme s'est rendue malheureuse pour la vie, s'est perdue, s'est déshonorée pour un homme, qu'elle a cessé d'aimer parce qu'il a mal ôté son habit, mal coupé un de ses ongles, mis son bas à l'envers ou s'y est mal pris pour défaire un bouton. »

Un de ses devoirs les plus importans sera de cacher à sa femme la véritable situation de sa fortune, afin de pouvoir satisfaire les fantaisies et les caprices qu'elle peut avoir, comme le font de généreux célibataires.

Enfin, chose difficile, chose pour laquelle il faut un courage surhumain, il doit exercer le pouvoir le plus absolu sur l'âne dont parle Sterne. Cet âne doit être soumis comme un serf du treizième siècle à son seigneur : obéir et se taire, marcher et s'arrêter au moindre commandement.

Muni de tous ces avantages, à peine un mari pourra-t-il entrer en lice avec l'espoir du succès. Comme tous les autres, il court encore le risque d'être, pour sa femme, une espèce d'éditeur responsable.

Hé! quoi, vont s'écrier quelques bonnes petites gens pour lesquelles l'horizon finit à leur nez, faut-il donc se donner tant de peines

pour s'aimer ; et, pour être heureux en ménage, serait-il donc nécessaire d'aller préalablement à l'école ? le Gouvernement va-t-il fon-
der pour nous une chaire d'amour, comme il
a érigé naguères une chaire de Droit Public ?

Voici notre réponse :

Ces règles multipliées si difficiles à déduire,
ces observations si minutieuses, ces notions si
variables selon les tempéramens, préexistent,
pour ainsi dire, dans le cœur de ceux qui sont
nés pour l'amour, comme le sentiment du goût
et je ne sais quelle facilité à combiner les idées
se trouvent dans l'âme du poète, du peintre
ou du musicien. Les hommes qui éprouve-
raient quelque fatigue à mettre en pratique
les enseignemens donnés par cette Méditation, sont naturellement prédestinés, comme
celui qui ne sait pas apercevoir les rapports
existans entre deux idées différentes est un
imbécile. En effet, l'amour a ses grands hommes inconnus, comme la guerre a ses Napoléon, comme la poésie a ses Byron et comme
la philosophie a ses Descartes.

Cette dernière observation contient le germe
d'une réponse à la demande que tous les hom-

mes se font depuis long-temps : pourquoi un mariage heureux est-il donc si peu fréquent ?

Ce phénomène du monde moral s'accomplit rarement par la raison qu'il se rencontre peu de gens de génie. Une passion durable est un drame sublime joué par deux acteurs égaux en talens, un drame où les sentimens sont des catastrophes, où les désirs sont des événemens, où la plus légère pensée fait changer la scène. Or, comment trouver souvent, dans ce troupeau de bimanes qu'on nomme une nation, un homme et une femme qui possèdent au même degré le génie de l'amour, quand les gens à talent sont déjà si clair-semés dans les autres sciences où, pour réussir, l'artiste n'a besoin que de s'entendre avec lui-même ?

Jusqu'à présent nous nous sommes contenté de faire pressentir les difficultés, en quelque sorte physiques, que deux époux ont à vaincre pour être heureux ; que serait-ce donc s'il fallait dérouler l'effrayant tableau des obligations morales qui naissent de la différence des caractères !.... Arrêtons-nous, l'homme assez habile pour conduire le tempérament sera certainement maître de l'âme.

Nous supposerons que notre mari-modèle remplit ces premières conditions voulues pour disputer avec avantage sa femme aux assaillans. Nous admettrons qu'il ne se trouve dans aucune des nombreuses classes de prédestinés, que nous avons passées en revue. Convenons enfin qu'il est imbu de toutes nos maximes ; qu'il possède cette science admirable dont nous avons révélé quelques préceptes ; qu'il s'est marié très-savant ; qu'il connaît sa femme ; qu'il en est aimé ; et poursuivons l'énumération de toutes les causes générales qui peuvent empirer la situation critique à laquelle nous le ferons arriver pour l'instruction du genre humain.

MÉDITATION VI.

Des Pensionnats.

Si vous avez épousé une demoiselle dont l'éducation s'est faite dans un pensionnat, il y a trente chances contre votre bonheur de plus que toutes celles dont l'énumération précède, et vous ressemblez exactement à un homme qui a fourré sa main dans un guêpier.

Alors, immédiatement après la bénédiction nuptiale, et sans vous laisser prendre à l'innocente ignorance, aux grâces naïves, à la pudibonde contenance de votre femme, vous devez méditer et suivre les axiomes et les préceptes que nous développerons dans la seconde partie de ce livre. Vous mettrez même à exécution les rigueurs de la troisième partie, en exerçant sur-le-champ une active surveillance, en déployant une paternelle sollicitude à toute heure, car le lendemain même de votre mariage, la veille peut-être, il y avait *péril en la demeure*.

En effet, souvenez-vous un peu de l'instruction secrète et approfondie que les écoliers acquièrent *de naturá rerum*, de la nature des choses. Lapeyrouse, Cooke, ou le capitaine Parry, ont-ils jamais eu autant d'ardeur à naviguer vers les pôles, que les licéens vers les parages défendus de l'océan des plaisirs.

Les filles étant plus rusées, plus spirituelles et plus curieuses que les garçons, leurs rendez-vous clandestins, leurs conversations que tout l'art des matrones ne saurait empêcher, doivent être dirigés par un génie mille fois plus sata-

nique. Quel homme a jamais entendu les réflexions morales et les aperçus malins de ces
jeunes filles ? Elles seules connaissent ces jeux
où l'honneur se perd par avance, ces essais de
plaisir, ces tâtonnemens de volupté, ces simu-
lacres de bonheur, qu'on peut comparer aux
vols faits par les enfans trop gourmands à un
dessert mis sous clef. Une fille sortira peut-être
vierge de sa pension ; chaste, non. Elle aura plus
d'une fois discuté en de secrets conventicules
la question importante des amans, et la corruption aura nécessairement entamé le cœur
ou l'esprit, soit dit sans antithèse.

Admettons cependant que votre femme
n'aura pas participé à ces friandises virginales,
à ces lutineries prématurées ? De ce qu'elle
n'ait point eu voix délibérative aux conseils secrets des *grandes*, en sera-t-elle meilleure? Non.

Là, elle aura contracté amitié avec d'autres
jeunes demoiselles, et nous serons modeste en
ne lui accordant que deux ou trois amies in-
times. Êtes-vous certain que votre femme, sortie de pension, ses jeunes amies n'auront pas
été admises à ces conciliabules où l'on cher-
chait à connaître d'avance, au moins par ana-

logie, les jeux des colombes? Enfin, ces amies se marieront ; alors, vous aurez quatre femmes à surveiller au lieu d'une, quatre caractères à deviner, et vous serez à la merci de quatre maris et d'une douzaine de célibataires dont vous ignorerez entièrement la vie, les principes, les habitudes, quand nos méditations vous auront fait apercevoir la nécessité où vous devez être un jour de vous occuper des gens que vous avez épousés avec votre femme sans vous en douter.

Satan seul a pu imaginer une pension de demoiselles au milieu d'une grande ville !.... Au moins madame Campan avait-elle logé sa fameuse institution à Écouen. Cette sage précaution prouve qu'elle n'était pas une femme ordinaire.

Là, ses demoiselles ne voyaient pas le musée des rues, composé d'immenses et grotesques images et de mots obscènes dûs aux crayons du malin esprit. Elles n'avaient pas incessamment sous les yeux le spectacle des infirmités humaines étalé par chaque borne en France ; et de perfides cabinets littéraires ne leur vomissaient pas, en secret, le poison des livres instructeurs et incendiaires. Aussi, cette savante institutrice ne pouvait guères qu'à Écouen vous conserver une demoiselle intacte et pure, si cela est possible.

Vous espéreriez peut-être empêcher facilement votre femme de voir ses amies de pension? folie! Elle les rencontrera au bal, au spectacle, à la promenade, dans le monde; et, que de services deux femmes peuvent se rendre!..... mais nous méditerons ce nouveau sujet de terreur en son lieu et place.

Ce n'est pas tout encore : si votre belle-mère a mis sa fille en pension, croyez-vous que ce soit par intérêt pour sa fille? Une demoiselle de douze à quinze ans est un terrible argus; et, si la belle-mère ne voulait pas d'argus chez elle, je commence à soupçonner que madame votre belle-mère appartient inévitablement à la partie la plus douteuse de nos femmes honnêtes. Donc, en toute occasion, elle sera pour sa fille ou un fatal exemple ou un dangereux conseiller : arrêtons-nous..... la belle-mère exige tout une méditation. Ainsi, de quelque côté que vous vous tourniez, le lit conjugal est, dans cette occurrence, également épineux.

Avant la révolution quelques familles aristocratiques envoyaient les filles au couvent. Cet exemple était suivi par nombre de gens qui s'imaginaient qu'en mettant leurs filles là où se trouvaient celles d'un grand seigneur, elles en prendraient le ton et les manières. Cette erreur de l'orgueil était d'abord fatale au bonheur domestique; puis les couvents avaient tous les inconvéniens des pensionnats. L'oisiveté y règne plus terrible. Les grilles claustrales enflamment l'imagination. La solitude est une des provinces les plus chéries du diable, et l'on ne saurait croire quel ravage les phénomènes les plus ordinaires de la vie peuvent produire dans l'âme de ces jeunes filles rêveuses, ignorantes et inoccupées.

Les unes, à force d'avoir caressé des chimères, donnent lieu à des *quiproquo* plus ou moins bizarres. D'autres s'étant exagéré le bonheur conjugal, se disent en elle-même : quoi! ce n'est que cela!... quand elles appartiennent à un mari. De toute manière l'instruction incomplète que peuvent acquérir les filles élevées en commun a tous les dangers de l'ignorance et tous les malheurs de la science.

Une jeune fille élevée au logis par une mère
ou une vieille tante vertueuses, bigotes, aimables ou acariâtres; une jeune fille dont les
pas n'ont jamais franchi le seuil domestique
sans être environnée de chaperons; dont l'enfance laborieuse a été fatiguée par des travaux
même inutiles; à laquelle enfin tout est inconnu, même le spectacle de Séraphin, est un
de ces trésors que l'on rencontre, çà et là,
dans le monde, comme ces fleurs des bois en-
vironnées de tant de broussailles que les yeux
mortels n'ont pu les atteindre. Celui qui, maître
d'une fleur aussi suave, aussi pure, la laisse
cultiver par d'autres, a mérité mille fois son
malheur. C'est ou un sot ou un monstre.

Ce serait bien ici le moment d'examiner s'il
existe un mode quelconque de se bien marier,
et de reculer ainsi indéfiniment les précautions
dont nous présenterons l'ensemble dans la seconde et la troisième parties; mais n'est-il pas
bien prouvé qu'il est plus aisé de lire l'*École
des femmes* dans un four exactement fermé, que
de pouvoir connaître le caractère, les habitudes
et l'esprit d'une demoiselle à marier?

La plupart des hommes ne se marient-ils

pas absolument comme s'ils achetaient une partie de rentes à la Bourse? Et si dans la Méditation précédente, nous avons réussi à vous démontrer que le plus grand nombre des hommes reste dans la plus profonde incurie de son propre bonheur en fait de mariage, est-il raisonnable de croire qu'il se rencontrera beaucoup de gens, assez riches, assez spirituels, assez observateurs, pour perdre, comme M. Burchell dans le Vicaire de Wakefield, une ou deux années de leur temps à deviner, à épier les filles dont ils feront leurs femmes; quand ils s'occupent si peu d'elles après les avoir conjugalement possédées pendant ce laps de temps que les Anglais nomment la *Lune de miel*, et dont nous ne tarderons pas à discuter l'influence?

Cependant, comme nous avons long-temps réfléchi sur cette matière importante, nous ferons observer qu'il existe quelques moyens de choisir plus ou moins bien, même en choisissant promptement.

Il est, par exemple, hors de doute que les probalités seront en votre faveur :

1° Si vous avez pris une demoiselle dont le

tempérament ressemble à celui des femmes de la Louisiane ou de la Caroline.

Pour obtenir des renseignemens certains sur le tempérament d'une jeune personne, il faut mettre en vigueur auprès des femmes de chambre, le système dont parle Gilblas, et employé par un homme d'État pour connaître les conspirations ou savoir comment les ministres avaient passé la nuit.

2° Si vous choisissez une demoiselle qui, sans être laide, ne soit pas dans la classe des jolies femmes.

Nous regardons comme un principe certain que, pour être le moins malheureux possible en ménage, une grande douceur d'âme unie chez une femme à une laideur supportable, sont deux élémens infaillibles de succès.

Mais voulez-vous savoir la vérité? ouvrez Rousseau, car il ne s'agitera pas une question de morale publique dont il n'ait d'avance indiqué la portée. Lisez :

« Chez les peuples qui ont des mœurs, les filles sont faciles et les femmes sévères. C'est le contraire chez ceux qui n'en ont pas. »

Il résulterait de l'adoption du principe, que

consacre cette remarque profonde et vraie, qu'il n'y aurait pas tant de mariages malheureux, si les hommes épousaient leurs maîtresses. Alors l'éducation des filles devrait subir d'importantes modifications en France. Jusqu'ici les lois et les mœurs françaises, placées entre un délit et un crime à prévenir, ont favorisé le crime. En effet, la faute d'une fille est à peine un délit, si vous la comparez à celle commise par la femme mariée. N'y a-t-il donc pas incomparablement moins de danger à donner la liberté aux filles qu'à la laisser aux femmes. L'idée de prendre une fille à l'essai fera penser plus d'hommes graves qu'elle ne fera rire d'étourdis. Les mœurs de l'Allemagne, de la Suisse, de l'Angleterre et des États-Unis donnent aux demoiselles des droits qui sembleraient en France le renversement de toute morale ; et cependant il est certain que dans ces trois pays les mariages sont moins malheureux qu'en France.

« Quand une femme s'est livrée tout entière » à un amant, elle doit avoir bien connu celui » que l'amour lui offrait. Le don de son es-

» time et de sa confiance a nécessairement
» précédé celui de son cœur. »

Brillantes de vérité, ces lignes ont peut-être
illuminé le cachot au fond duquel Mirabeau
les écrivit, et la féconde observation qu'elles
renferment, quoique due à la plus fougueuse
de ses passions, n'en domine pas moins le
problème social dont nous nous occupons. En
effet, un mariage cimenté sous les auspices du
religieux examen que suppose l'amour, et sous
l'empire du désenchantement dont la possession est suivie, doit être la plus indissoluble
de toutes les unions.

Alors une femme n'a plus à reprocher à son
mari le droit légal en vertu duquel elle lui appartient. Elle ne peut plus trouver dans cette
soumission forcée une raison pour se livrer à
un amant, quand plus tard elle a dans son
propre cœur un complice dont les sophismes
la séduisent en lui demandant, vingt fois par
heure, pourquoi s'étant donnée contre son gré
à un homme qu'elle n'aimait point, elle ne se
donnerait pas de bonne volonté à un homme
qu'elle aime. Alors une femme n'est plus recevable à se plaindre de ces défauts inséparables

de la nature humaine dont elle a, par avance, essayé la tyrannie, épousé les caprices.

Bien des jeunes filles seront trompées dans les espérances de leur amour! mais n'y aura-t-il pas pour elles un immense bénéfice à ne pas être les compagnes d'hommes qu'elles auraient le droit de mépriser!

Quelques alarmistes vont s'écrier qu'un tel changement dans nos mœurs autoriserait une effroyable dissolution publique; que les lois, ou les usages qui dominent les lois, ne peuvent pas, après tout, consacrer le scandale et l'immoralité; et que, s'il existe des maux inévitables, au moins la société ne doit pas les sanctifier.

Il est facile de répondre, avant tout, que le système proposé tend à prévenir ces maux qu'on a regardés jusqu'à présent comme inévitables; mais, si peu exacts que soient les calculs de notre statistique, ils ont toujours accusé une immense plaie sociale, et nos moralistes préféreraient donc le plus grand mal au moindre; la violation du principe sur lequel repose la société, à une douteuse licence chez les filles; la dissolution des mères de famille qui

corrompt les sources de l'éducation publique
et fait le malheur d'au moins quatre personnes,
à la dissolution d'une jeune fille qui ne com-
promet qu'elle, et tout au plus un enfant. Pé-
risse la vertu de dix vierges, plutôt que cette
sainteté de mœurs, cette couronne d'honneur
dont une mère de famille doit marcher re-
vêtue! Il y a dans le tableau que présente une
jeune fille abandonnée par son séducteur, je
ne sais quoi d'imposant et de sacré : ce sont
des sermens ruinés, de saintes confiances trahies; et, sur les débris des plus faciles vertus,
l'innocence en pleurs, doutant de tout, en doutant de l'amour d'un père pour son enfant.
L'infortunée est encore innocente; elle peut
devenir une épouse fidèle, une tendre mère; et
si le passé s'est chargé de nuages, l'avenir est
bleu comme un ciel pur. Trouverons-nous
ces douces couleurs aux sombres tableaux des
amours illégitimes? Dans l'un la femme est victime, dans les autres, criminelle. Où est l'espérance de la femme adultère? Si Dieu lui remet
sa faute, la vie la plus exemplaire ne saurait
en effacer ici-bas les fruits vivans : si Jacques Ier
est fils de Rizzio, le crime de Marie-Stuart a

duré autant que sa déplorable et royale maison.

Mais de bonne foi l'émancipation des filles renferme-t-elle donc tant de dangers?

Il est très-facile d'accuser une jeune personne de se laisser décevoir par le désir d'échapper à tout prix à l'état de fille ; mais cela n'est vrai que dans la situation actuelle de nos mœurs. Aujourd'hui une jeune personne ne connaît ni la séduction ni ses piéges, elle ne s'appuie que sur sa faiblesse, et, démêlant les commodes maximes du beau monde, sa trompeuse imagination, gouvernée par des désirs que tout fortifie, est un guide d'autant plus aveugle, que rarement une jeune fille confie à autrui les secrètes pensées de son premier amour.

Si elle était libre, une éducation exempte de préjugés l'armerait contre l'amour du premier venu. Elle serait, comme tout le monde, bien plus forte contre des dangers connus que contre des périls dont l'étendue est cachée. D'ailleurs, pour être maîtresse d'elle-même, une fille en sera-t-elle moins sous l'œil vigilant de sa mère? Compterait-on aussi pour rien cette

pudeur et ces craintes que la nature n'a placées si puissantes dans l'âme d'une jeune fille
que pour la préserver du malheur d'être à un
homme qui ne l'aime pas? Enfin où est la fille
assez peu calculatrice pour ne pas deviner que
l'homme le plus immoral veut trouver des
principes chez sa femme, comme les maîtres
veulent que leurs domestiques soient parfaits;
et qu'alors, pour elle, la vertu est le plus riche
et le plus fécond de tous les commerces.

Après tout, de quoi s'agit-il donc ici? Pour
qui croyez-vous que nous stipulions? Tout au
plus pour cinq ou six cent mille virginités
armées de leurs répugnances et du haut prix
auquel elles s'estiment : elles savent aussi bien
se défendre que se vendre. Les dix-huit millions
d'êtres que nous avons mis en dehors de la
question se marient presque tous d'après le
système que nous cherchons à faire prévaloir
dans nos mœurs; et, quant aux classes inter-
médiaires par lesquelles nos pauvres bimanes
sont séparés des hommes privilégiés qui marchent à la tête d'une nation, le nombre des enfans trouvés que ces classes demi-aisées livrent
au malheur irait en croissant depuis la paix, s'il

faut en croire M. Benoiston de Châteauneuf, l'un des plus courageux savans qui se soient voués aux arides et utiles recherches de la Statistique. Or, à quelle plaie profonde n'apportons-nous pas remède, si l'on songe à la multiplicité des bâtards que nous dénonce la Statistique, et aux infortunes que nos calculs font soupçonner dans la haute société. Mais il est difficile de faire apercevoir ici tous les avantages qui résulteraient de l'émancipation des filles. Quand nous arriverons à observer les circonstances qui accompagnent le mariage tel que nos mœurs l'ont conçu, les esprits judicieux pourront apprécier toute la valeur du système d'éducation et de liberté que nous demandons pour les filles au nom de la raison et de la nature. Le préjugé que nous avons en France sur la virginité des mariées est le plus sot de tous ceux qui nous restent. Les Orientaux prennent leurs femmes sans s'inquiéter du passé et les enferment pour être plus certains de l'avenir : les Français mettent les filles dans des espèces de sérails défendus par des mères, par des préjugés, par des idées religieuses, et ils donnent la plus entière liberté à leurs femmes, s'inquiétant ainsi beaucoup plus du passé que de l'avenir. Il ne s'agirait donc que de faire subir une inversion à nos mœurs. Alors nous finirions peut-être par donner à la fidélité conjugale toute la saveur et le ragoût que les femmes trouvent aujourd'hui aux infidélités.

Mais cette discussion nous éloignerait trop de notre sujet s'il fallait examiner, dans tous ses détails, cette immense amélioration morale que réclamera sans doute la France au XXe siècle ; car les mœurs se réforment si lentement ! Ne faut-il pas pour obtenir le plus léger changement que l'idée la plus hardie du siècle passé soit devenue la plus triviale du siècle présent ? Aussi, est-ce en quelque sorte par coquetterie que nous avons effleuré cette question ; soit pour montrer qu'elle ne nous a pas échappé, soit pour léguer un ouvrage de plus à nos neveux ; et, de bon compte, voici le troisième : le premier concerne les courtisanes, et le second est la physiologie du plaisir :

Quand nous serons à dix, nous ferons une croix

Dans l'état actuel de nos mœurs et de notre imparfaite civilisation, il existe un problème insoluble pour le moment et qui rend toute dissertation superflue relativement à l'art de choisir une femme; nous le livrons, comme tous les autres, aux méditations des philosophes.

PROBLÈME.

—

L'on n'a pas encore pu décider si une femme est poussée à devenir infidèle plutôt par l'impossibilité où elle serait de se livrer au changement, que par la liberté qu'on lui laisserait à cet égard.

.

Au surplus, comme dans cet ouvrage nous saisissons un homme au moment où il vient de se marier, s'il a rencontré une femme d'un tempérament sanguin, d'une imagination vive, d'une constitution nerveuse ou d'un caractère indolent, sa situation n'en serait que plus grave.

Un homme se trouverait dans un danger encore plus critique si sa femme ne buvait que de l'eau (voyez la Méditation intitulée : *Hygiène conjugale;*) mais si elle avait quelque talent pour le chant, ou si elle s'enrhumait trop facilement, il aurait à trembler tous les jours ; car il est reconnu que les cantatrices sont pour le moins aussi passionnées que les femmes dont le système muqueux est d'une grande délicatesse.

Enfin le péril empirerait bien davantage si votre femme avait moins de dix-sept ans ; ou encore, si elle avait le fond du teint pâle et blafard ; car ces sortes de femmes sont presque toutes artificieuses.

Mais nous ne voulons pas anticiper sur les terreurs que causeront aux maris tous les diagnostiques de malheur qu'ils pourraient apercevoir dans le caractère de leurs femmes. Cette digression nous a déjà trop éloigné des pensionnats où s'élaborent tant d'infortunes, d'où sortent des jeunes filles incapables d'apprécier les pénibles sacrifices par lesquels l'honnête homme, qui leur fait l'honneur de les épouser, est arrivé à l'opulence ; des jeunes filles impatientes des jouissances du luxe, ignorantes de nos lois, ignorantes de nos mœurs, saisissant avec avidité l'empire que leur donne la beauté, et prêtes à abandonner les vrais accens de l'âme pour les bourdonnemens de la flatterie.

Que cette Méditation laisse dans le souvenir de tous ceux qui l'auront lue, même en ouvrant le livre par contenance ou par distraction, une aversion profonde des demoiselles élevées en pension, et déjà de grands services auront été rendus à la chose publique.

MÉDITATION VII.

De la Lune de Miel.

Si nos premières Méditations prouvent qu'il est presque impossible à une femme mariée de rester vertueuse en France, le dénombrement des célibataires et des prédestinés, nos remarques sur l'éducation des filles et notre examen rapide des difficultés que comporte le choix d'une femme, expliquent jusqu'à un certain point cette fragilité nationale. Ainsi, après avoir accusé franchement la sourde maladie dont l'état social est travaillé, nous en avons cherché les causes dans l'imperfection des lois, dans l'inconséquence des mœurs, dans l'incapacité des esprits, dans les contradictions de nos habitudes. Un seul fait reste à observer : l'invasion du mal.

Nous arrivons à ce premier principe en abordant les hautes questions renfermées dans la Lune de Miel; et, de même que nous y trouverons le point de départ de tous les phénomènes conjugaux, elle nous offrira le brillant chaînon auquel viendront se rattacher nos observations, nos axiômes, nos problèmes, anneaux semés à dessein au travers des sages folies débitées par nos Méditations babillardes. La lune de Miel sera, pour ainsi dire, l'apogée de l'analyse à laquelle nous devions nous livrer avant de mettre aux prises nos deux champions imaginaires.

Cette expression, *Lune de Miel*, est un anglicisme qui passera dans toutes les langues, tant elle dépeint avec grâce la nuptiale saison, si fugitive, pendant laquelle la vie n'est que douceur et ravissement; elle restera comme restent les illusions et les erreurs, car elle est le plus odieux de tous les mensonges. Si elle se présente comme une nymphe couronnée de fleurs fraîches, lécheresse et caressante comme une syrène, c'est qu'elle est le Malheur même; et le malheur arrive, la plupart du temps, en folàtrant.

Les époux destinés à s'aimer pendant toute leur vie, ne conçoivent pas la Lune de Miel : pour eux, elle n'existe pas, ou plutôt elle existe toujours : ils sont comme ces Immortels qui ne comprenaient pas la mort. Mais ce bonheur est en dehors de notre livre; et, pour nos lecteurs, le mariage est sous l'influence de deux lunes : la Lune de Miel—La Lune Rousse. Cette dernière est terminée par une révolution qui la change en un croissant; et, quand il luit sur un ménage, c'est pour l'éternité.

Comment la Lune de Miel peut-elle éclairer deux êtres qui ne doivent pas s'aimer?

Comment se couche-t-elle quand une fois elle s'est levée?...

Tous les ménages ont-ils leur Lune de Miel?

Procédons par ordre pour résoudre ces trois questions.

L'admirable éducation que nous donnons aux filles, et les prudens usages sous la loi desquels les hommes se marient vont porter ici tous leurs fruits. Examinons les circonstances dont les mariages les moins malheureux sont précédés et accompagnés.

Nos mœurs développent chez la jeune fille dont vous faites votre femme une curiosité naturellement excessive ; mais comme les mères se piquent en France de mettre tous les jours leurs filles au feu sans souffrir qu'elles se brûlent, cette curiosité n'a plus de bornes.

Une ignorance profonde des mystères du mariage dérobe, à cette créature aussi naïve que rusée, la connaissance des périls dont il est suivi ; et, le mariage lui étant sans cesse présenté comme une époque de tyrannie et de liberté, de jouissances et de souveraineté, ses désirs s'augmentent de tous les intérêts de l'existence à satisfaire : pour elle, se marier, c'est être appelée du néant à la vie.

Si elle a, en elle, le sentiment du bonheur, la religion, la morale, les lois et sa mère lui ont mille fois répété que ce bonheur ne peut venir que de vous.

L'obéissance est toujours une nécessité chez elle, si elle n'est pas vertu ; car elle attend tout de vous : d'abord les sociétes consacrent l'esclavage de la femme ; mais elle ne forme même pas le souhait de s'affranchir ; car elle se sent faible, timide et ignorante.

A moins d'une erreur due au hasard ou d'une répugnance que vous seriez impardonnable de n'avoir pas devinée, elle doit chercher à vous plaire : elle ne vous connaît pas.

Enfin pour faciliter votre beau triomphe, vous la prenez au moment où la nature sollicite souvent avec énergie les plaisirs dont vous êtes le dispensateur. Comme saint Pierre, vous tenez la clef du Paradis.

Je le demande à toute créature raisonnable, un démon rassemblerait-il autour d'un ange dont il aurait juré la perte, les élémens de son malheur avec autant de sollicitude que les bonnes mœurs en mettent à conspirer le malheur d'un mari ?... N'êtes-vous pas comme un roi entouré de flateurs ?

Livrée avec toutes ses ignorances et ses

désirs à un homme qui, même amoureux, ne peut et ne doit pas connaître ses mœurs secrètes et délicates, cette jeune fille ne sera-t-elle pas honteusement passive, soumise et complaisante pendant tout le temps que sa jeune imagination lui persuadera d'attendre le plaisir ou le bonheur jusqu'à un lendemain qui n'arrive jamais?

Dans cette situation bizarre où les lois sociales et celles de la nature sont aux prises, une jeune fille obéit, s'abandonne, souffre et se tait par intérêt pour elle-même. Son obéissance est une spéculation ; sa complaisance, un espoir ; son dévoûment, une sorte de vocation dont vous profitez ; et son silence est générosité. Elle sera victime de vos caprices tant qu'elle ne les comprendra pas ; elle souffrira de votre caractère jusqu'à ce qu'elle l'ait étudié ; elle se sacrifiera sans aimer, parce qu'elle croit au semblant de passion que vous donne le premier moment de sa possession ; elle ne se taira plus le jour où elle aura reconnu l'inutilité de ses sacrifices.

Alors, un matin arrive, où tous les contresens qui ont présidé à cette union se relèvent

comme des branches un moment ployées sous
un poids par degrés allégi. Vous avez pris
pour de l'amour l'existence négative d'une
jeune fille qui attendait le bonheur, allait au-
devant de vos désirs, dans l'espérance que
vous voleriez au-devant des siens, et qui n'o-
sait se plaindre des malheurs secrets dont elle
s'accusait la première. Quel homme ne serait
pas la dupe d'une déception préparée de si
loin, et dont une jeune femme est innocente,
complice et victime? Il faudrait être un Dieu
pour échapper à la fascination dont vous en-
tourent la nature et la société. Tout n'est-il pas
piége autour de vous et en vous ; car, pour
être heureux, ne serait-il pas nécessaire de
vous défendre des impétueux désirs de vos
sens? Où est, pour les contenir, cette barrière
puissante qu'élève la main légère d'une femme
à laquelle on veut plaire, parce qu'on ne la
possède pas encore?... Aussi, vous avez fait
parader et défiler vos troupes, quand il n'y
avait personne aux fenêtres ; et vous avez tiré
un feu d'artifice dont il ne reste que la car-
casse au moment où votre convive se présente
pour le voir. Votre femme était devant les

plaisirs du mariage comme un Mohican à l'O-
péra : l'instituteur est ennuyé quand le sau-
vage commence à comprendre. En ménage, le
moment où deux cœurs peuvent s'entendre
est aussi rapide qu'un éclair et ne revient plus
quand il a fui. Ce premier essai de la vie à deux,
pendant lequel une femme est encouragée par
l'espérance du bonheur , par le sentiment encore neuf de ses devoirs d'épouse, par le désir
de plaire, par la vertu si persuasive au moment
où elle montre l'amour d'accord avec le devoir,
se nomme la Lune de Miel. Comment peut-elle
durer long-temps entre deux êtres qui s'asso-
cient pour la vie entière , sans se connaître
parfaitement? Il y a tels mariages dont le malheur a été décidé par la première nuit : ceux-
là n'ont même pas de Lune de Miel. S'il faut
s'étonner d'une chose , c'est que les déplorables absurdités accumulées par nos mœurs
autour d'un lit nuptial , fassent éclore si peu
de haines !.....

Mais que l'existence du sage soit un ruisseau
paisible, et que celle du prodigue soit un
torrent ; que l'enfant, dont les mains impru-
dentes ont effeuillé toutes les roses sur son

chemin, ne trouve plus que des épines au retour; que l'homme dont la folle jeunesse a dé-
voré un million ne puisse plus jouir, pendant
sa vie, des quarante mille livres de rente que
ce million lui eût données, ce sont des vérités
triviales si l'on songe à la morale, et neuves si
l'on pense à la conduite de la plupart des
hommes; ce sont les images vraies de toutes
les Lunes de Miel; c'est leur histoire, c'est le
fait et non pas la cause.

Mais, que des hommes, doués d'une certaine puissance de pensée par une éducation
privilégiée, habitués à des combinaisons profondes pour briller, soit en politique, soit
en littérature, dans les arts, dans le commerce ou dans la vie privée, se marient
tous avec l'intention d'être heureux, de gouverner une femme par l'amour ou par la
force, et tombent tous dans le même piége,
deviennent des sots après avoir joui d'un certain bonheur pendant un certain temps, il y a
certes là un problème dont la solution réside
plutôt dans des profondeurs inconnues de
l'âme humaine, que dans les espèces de vérités physiques par lesquelles nous avons déjà

tâché d'expliquer quelques-uns de ces phénomènes. La périlleuse recherche des lois
secrètes, que presque tous les hommes doivent
violer à leur insu en cette circonstance, offre
encore assez de gloire à celui qui échouerait
dans cette entreprise, pour que nous tentions
l'aventure. Essayons donc.

Malgré tout ce que les sots ont à dire sur la
difficulté qu'ils trouvent à expliquer l'amour,
il a des principes aussi infaillibles que ceux de
la géométrie ; mais chaque caractère les modi-
fiant à son gré, nous l'accusons des caprices
créés par nos innombrables organisations. S'il
ne nous était permis de ne voir que les effets
si variés de la lumière, sans en apercevoir le
principe, bien des esprits refuseraient de
croire à la marche du soleil et à son unité.
Aussi, les aveugles peuvent crier à leur aise,
je me vante, comme Socrate, sans être aussi
sage que lui, de ne savoir que l'amour ; et, je
vais essayer de déduire quelques-uns de ses
préceptes pour éviter, aux gens mariés ou à
marier, la peine de se creuser la cervelle : ils
atteindraient trop promptement le fond.

Or, toutes nos observations précédentes se

résolvent en une seule proposition qui peut être considérée comme le dernier terme ou le premier, si l'on veut, de cette secrète théorie de l'amour qui finirait par vous ennuyer si nous ne la terminions pas promptement. Ce principe est contenu dans la formule sui-vante :

AXIOME.

—

Entre deux êtres susceptibles d'amour, la durée de la passion est en raison de la résistance primitive de la femme.

—

Si l'on ne vous laisse désirer qu'un jour, votre amour ne durera peut-être pas trois nuits? Où faut-il chercher les causes de cette loi? je ne sais. Si nous voulons porter nos regards autour de nous, les preuves de cette règle abondent : dans le système végétal, les plantes qui restent le plus de temps à croître sont celles auxquelles est promise la plus

longue existence ; dans l'ordre moral, les ouvrages faits hier meurent demain ; dans l'ordre
physique, le sein qui enfreint les lois de la
gestation livre un fruit mort. En tout, une
œuvre de durée est long-temps couvée par le
temps. Un long avenir demande un long passé.
Si l'amour est un enfant, la passion est un
homme. Cette loi générale qui régit la nature, les êtres et les sentimens, est précisément celle que tous les mariages enfreignent,
ainsi que nous l'avons démontré. Ce principe
a créé les fables amoureuses de notre moyen-
âge : les Amadis, les Lancelot, les Tristan
des fabliaux, dont la constance en amour paraît fabuleuse à juste titre, sont les allégories
de cette mythologie nationale que notre imitation de la littérature grecque a tuée dans sa
fleur. Ces figures gracieuses dessinées par l'i-
magination des trouvères consacraient cette
vérité : que nous ne nous attachons d'une manière durable aux choses, que d'après les soins,
les travaux ou les désirs qu'elles nous ont
coûté.

Tout ce que nos méditations nous ont révélé, sur les causes de cette loi primordiale des

amours, se réduit à l'axiôme suivant qui en est tout à la fois le principe et la conséquence.

APHORISME.

—

En toute chose l'on ne reçoit qu'en raison de ce que l'on donne.

—

Ce dernier principe est tellement évident par lui-même que nous n'essaierons pas de le démontrer. Nous n'y joindrons qu'une seule observation qui ne nous paraît pas sans importance. Celui qui a dit : *tout est vrai et tout est faux,* a proclamé un fait que l'esprit humain naturellement sophistique interprète à sa manière ; car il semble vraiment que les choses humaines aient autant de facettes qu'il y a d'esprits qui les considèrent.

Ce fait le voici :

Il n'existe pas dans la création une loi qui ne soit balancée par une loi contraire : la vie en tout est résolue par l'équilibre. Ainsi, dans le sujet qui nous occupe, en amour, il est certain que si vous donnez trop, vous ne recevrez pas assez. La mère qui laisse voir toute sa tendresse à ses enfans, crée en eux l'ingratitude, car l'ingratitude vient peut-être de l'impossibilité où l'on est de s'acquitter. La femme qui aime plus qu'elle n'est aimée sera nécessairement tyrannisée. L'amour durable est celui qui tient toujours les forces de deux êtres en équilibre. Or, cet équilibre peut toujours s'établir : celui des deux qui aime le plus doit rester dans la sphère de celui qui aime le moins. Et n'est-ce pas, après tout, le plus doux sacrifice que puisse faire une âme aimante, si tant est que l'amour s'accommode de cette inégalité ?

Quel sentiment d'admiration s'élève dans l'âme du philosophe, en découvrant qu'il n'y a peut-être qu'un seul principe dans le monde comme il n'y a qu'un Dieu, et que nos idées et nos affections sont soumises aux mêmes lois qui font mouvoir le soleil, éclore les fleurs et vivre l'univers !...

Peut-être faut-il chercher dans cette métaphysique de l'amour, les raisons de la proposition suivante qui jette les plus vives lumières sur la question des Lunes de Miel et des Lunes Rousses.

L'homme va de l'adversion à l'amour, mais quand il a commencé par aimer et qu'il arrive à l'adversion, il ne revient jamais à l'amour.

Dans certaines organisations humaines, les sentimens sont incomplets comme la pensée peut l'être dans quelques imaginations stériles. Ainsi de même que les esprits sont doués de la facilité de saisir les rapports existans entre les choses sans en tirer de conclusion ; de la faculté de saisir chaque rapport séparément sans les réunir ; de la force de voir, de comparer et d'exprimer ; de même les âmes peuvent concevoir les sentimens d'une manière imparfaite. Le talent en amour comme en tout autre art, consiste dans la réunion de la puissance de concevoir et de celle d'exécuter. Le monde est plein de gens qui chantent des airs sans ritournelles, qui ont des quarts d'idée, comme des quarts de sentiment, et qui ne coordonnent pas plus les mouvemens de leurs affections que leurs pensées : ce sont en un mot des êtres incomplets. Unissez une belle intelligence à une intelligence manquée, vous préparez un malheur ; car il faut que l'équilibre se retrouve en tout.

Nous laissons aux philosophes de boudoir, et aux sages d'arrière-boutique, le plaisir de chercher les mille manières dont les tempéramens, les esprits, les situations sociales et la fortune, rompent les équilibres ; et nous allons examiner la dernière cause qui influe sur le coucher des Lunes de Miel et l'apparition des Lunes Rousses.

Il y a dans la vie un principe plus puissant que la vie elle-même. C'est un mouvement dont la rapidité procède d'une impulsion inconnue. L'homme n'est pas plus dans le secret de ce tournoiement que la terre n'est initiée aux causes de sa rotation. Ce je ne sais quoi, que j'appellerai volontiers le courant de la vie, emporte nos pensées les plus chères, use la volonté du plus grand nombre et nous entraîne tous malgré nous. Ainsi un homme plein de bon sens, qui ne manquera même pas à payer ses billets, s'il est négociant, ayant pu éviter la mort, ou, chose plus cruelle peut-être! une maladie, par l'observation d'une pratique facile mais quotidienne, est bien et duement cloué entre quatre planches, après s'être dit tous les soirs :—Oh ! demain, je n'oublierai pas mes pastilles !

Comment expliquer cette étrange fascination qui domine toutes les choses de la vie? Est-ce défaut d'énergie? les hommes les plus puissans de volonté y sont soumis : est-ce défaut de mémoire? les gens qui possédent cette faculté au plus haut degré y sont sujets.

Ce fait que chacun a pu reconnaître en son voisin est une des causes qui excluent la plupart des maris de la Lune de Miel. L'homme le plus sage, celui qui aurait échappé à tous les écueils que nous avons déjà signalés, n'évite quelquefois pas les piéges qu'il s'est ainsi tendus à lui-même.

Je me suis aperçu que l'homme en agissait avec le mariage et ses dangers, à peu près comme avec les perruques ; et, peut-être, est-ce une formule pour la vie humaine que les phases suivantes de la pensée à l'endroit de la perruque?

Première Époque. — Est-ce que j'aurai jamais les cheveux blancs?

Deuxième Époque. — En tout cas, si j'ai des cheveux blancs, je ne porterai jamais de perruque! Dieu que c'est laid une perruque!

Un matin, vous entendez une jeune voix que l'amour a fait vibrer plus de fois qu'il ne l'a éteinte, s'écrier : — Comment! tu as un cheveu blanc!...

Troisième Époque. — Pourquoi ne pas avoir une perruque bien faite, qui tromperait complètement les gens; il y a je ne sais quel mérite à duper tout le monde; puis, une perruque tient chaud, elle empêche les rhumes, etc.

Quatrième Époque. — La perruque est si adroitement mise que vous attrapez tous ceux qui ne vous connaissent pas.

La perruque vous préoccupe, et l'amour-propre vous rend tous les matins le rival des plus habiles coiffeurs.

Cinquième Époque. — La perruque négligée. — Dieu que c'est ennuyeux d'avoir à se découvrir la tête tous les soirs, à la bichonner tous les matins !

Sixième Époque.—La perruque laisse passer quelques cheveux blancs, elle vacille, et l'observateur aperçoit sur votre nuque une ligne blanche qui forme un contraste avec les nuances plus foncées de la perruque circulairement retroussée par le col de votre habit.

Septième Époque. — La perruque ressemble à du chiendent, et (passez-moi l'expression) vous vous moquez de votre perruque !...

—Monsieur, me dit une des puissantes intelligences féminines, qui ont daigné m'éclairer sur quelques-uns des passages les plus obscurs de mon livre ; qu'entendez-vous par cette perruque ?...

—Madame, répondis-je, quand un homme tombe dans l'indifférence à l'endroit de la perruque il est... il est... ce que votre mari n'est probablement pas.

—Mais, mon mari n'est pas...... Elle chercha. Il n'est pas.... aimable ; il n'est pas.... très-bien portant ; il n'est pas..... d'une humeur égale ; il n'est pas...

— Alors, madame, il serait donc....

Nous nous regardâmes, elle avec une dignité assez bien jouée, moi avec un imperceptible sourire.

— Je vois, dis-je, qu'il faut singulièrement respecter les oreilles du petit sexe, car c'est la seule chose qu'il ait de chaste.

Je pris l'attitude d'un homme qui a quelque chose d'important à révéler, et la belle dame baissa les yeux comme si elle se doutait d'avoir à rougir pendant son discours.

« — Madame, aujourd'hui l'on ne pendrait pas un ministre, comme jadis, pour un *oui* ou un *non*; un Châteaubriand ne torturerait guère Françoise de Foix; et nous ne portons plus au côté une longue épée prête à venger l'injure. Or, dans un siècle où la civilisation a fait des progrès si rapides, où l'on nous apprend la moindre science en vingt-quatre leçons, tout a dû suivre cet élan vers la perfection. Nous ne pouvons donc plus parler la langue rude et grossière de nos ancêtres. L'âge dans lequel on fabrique des tissus aussi fins, aussi brillans, des meubles si élégans, des porcelaines si riches, devait être l'âge des périphrases et des cir-

conlocutions. Il faut donc essayer de forger
quelque mot nouveau pour remplacer la co-
mique expression dont s'est servi Molière ;
puisque, comme a dit un auteur contemporain , le langage de ce grand homme est trop
libre pour les dames qui trouvent la gaze trop
épaisse pour leurs vêtemens. »

« Maintenant les gens du monde n'ignorent
pas plus que les savans le goût inné des Grecs
pour les mystères. Cette poétique nation avait
su empreindre de teintes fabuleuses les antiques traditions de son histoire. A la voix de
ses rapsodes, tout ensemble poètes et romanciers, les rois devenaient des dieux, et leurs
aventures galantes se transformaient en d'im-
mortelles allégories. »

« Selon M. Chompré, licencié en droit, auteur classique du dictionnaire de mythologie,
le Labyrinthe était « un enclos planté de bois
et orné de bâtimens disposés de telle façon,
que quand un jeune homme y était entré une
fois, il ne pouvait plus en trouver la sortie. »
Çà et là quelques bocages fleuris s'offraient à
sa vue, mais au milieu d'une multitude d'allées
qui se croisaient dans tous les sens et présen-

taient toujours à l'œil une route uniforme ;
parmi les ronces, les rochers et les épines, le
patient avait à combattre un animal nommé le
Minotaure. »

« Or, madame, si vous voulez me faire
l'honneur de vous souvenir que le minotaure
était, de toutes les bêtes cornues, celle que
la mythologie nous signale comme la plus dangereuse ; que, pour se soustraire aux ravages
qu'il faisait, les Athéniens s'étaient abonnés
à lui livrer, bon an, mal an, cinquante vierges ; vous ne partagerez pas l'erreur de ce bon
M. Chompré, qui ne voit là qu'un jardin anglais ; et vous reconnaîtrez dans cette fable in-
génieuse une allégorie délicate, ou, disons
mieux, une image fidèle et terrible des dangers du mariage. »

« Les peintures récemment découvertes à
Herculanum ont achevé de prouver cette
opinion. »

« En effet, les savans avaient cru long-
temps, d'après quelques auteurs, que le minotaure était un animal moitié homme, moitié
taureau ; mais la cinquième planche des anciennes peintures d'Herculanum nous repré-

sente ce monstre allégorique avec le corps entier d'un homme, à la réserve d'une tête de taureau; et, pour enlever toute espèce de doute, il est abattu aux pieds de Thésée. »

« Eh bien, madame, pourquoi ne demanderions-nous pas à la Mythologie de venir au secours de l'hypocrisie qui nous gagne et nous empêche de rire comme riait nos pères? »

« Ainsi, lorsque dans le monde, une jeune dame n'a pas très-bien su étendre le voile dont une femme honnête couvre sa conduite, là où nos ayeux auraient rudement tout expliqué par un seul mot, vous, comme une foule de belles dames à réticences, vous vous contentez de dire :

— Ah! oui, elle est fort aimable; mais...

— Mais quoi?..

—Mais elle est souvent bien *inconséquente*...

« J'ai long-temps cherché, madame, le sens de ce dernier mot et surtout la figure de rhétorique par laquelle vous lui faisiez exprimer le contraire de ce qu'il signifie, mes méditations ont été vaines. Vert-Vert a donc, le dernier, prononcé le mot de nos ancêtres et encore s'est-il adressé, par malheur, à d'innocentes religieu-

ses dont les infidélités n'atteignaient en rien
l'honneur des hommes. »

« Alors quand une femme est inconséquente,
le mari serait, selon moi , *minotaurisé*. »

« Si le minotaurisé est un galant homme, s'il
jouit d'une certaine estime, et beaucoup de maris méritent réellement d'être plaints , alors,
en parlant de lui, vous dites encore d'une
petite voix flûtée : « M. A..... est un homme
bien estimable, sa femme est fort jolie, mais on
prétend qu'il n'est pas heureux dans son intérieur. »

« Ainsi, madame, l'homme estimable, malheureux dans son intérieur, l'homme qui a une
femme inconséquente, ou le mari minotaurisé,
sont tout bonnement des maris à la façon de
Molière. »

« Hé bien ! déesse du goût moderne, ces expressions vous semblent-elles d'une transpa-
rence assez chaste ?

« — Ah, mon Dieu, dit-elle en souriant, si
la chose reste , qu'importe qu'elle soit expri-
mée en deux syllabes ou en cent ! »

Elle me salua par une petite révérence ironique et disparut, allant sans doute rejoindre

ces comtesses de préface, et toutes ces créatures métaphoriques si souvent employées par les romanciers à retrouver ou à composer des manuscrits anciens

Quant à vous, êtres moins nombreux et plus réels qui me lisez, si, parmi vous, il est quelques gens qui fassent cause commune avec mon champion conjugal, je vous avertis que vous ne deviendrez pas tout d'un coup malheureux dans votre intérieur? Un homme arrive à cette température conjugale, par degrés et insensiblement. Beaucoup de maris sont mêmes restés malheureux dans leur intérieur, toute leur vie, sans le savoir. Cette révolution domestique s'opère toujours d'après des règles certaines ; car les révolutions de la Lune de Miel sont aussi sûres que les phases de la lune du ciel et s'appliquent à tous les ménages ! n'avons-nous pas prouvé que la nature morale a ses lois, comme la nature physique?

Votre jeune femme ne prendra jamais, comme nous l'avons dit ailleurs, un amant sans faire de sérieuses réflexions : au moment où la Lune de Miel décroît, vous avez plutôt développé chez elle le sentiment du plaisir que vous ne

l'avez satisfait. Vous lui avez ouvert le livre
de vie. Elle conçoit admirablement par le pro-
saïsme de votre facile amour la poésie qui
doit résulter de l'accord des âmes et des voluptés. Comme un oiseau timide, épouvanté encore par le bruit d'une mousqueterie qui a
cessé, elle avance la tête hors du nid , regarde
autour d'elle, voit le monde ; et, savante du mot
révélé de la charade que vous avez jouée, elle
sent instinctivement le vide de votre passion
languissante. Elle devine que ce n'est plus
qu'avec un amant qu'elle pourra reconquérir
le délicieux usage de son libre arbitre en amour.
Vous avez séché du bois vert pour un feu à
venir.

Dans la situation où vous vous trouvez
l'un et l'autre, il n'existe pas de femme, même
la plus vertueuse, qui ne se soit trouvée digne
d'une grande passion, qui ne l'ait rêvée, et
qui ne croye être très-inflammable ; car il y a
toujours de l'amour-propre à augmenter les
forces d'un ennemi vaincu.

— Si le métier d'honnête femme n'était que
périlleux, passe encore... me disait une vieille
dame, mais il ennuie ; et je n'ai jamais ren-

contré de femme vertueuse qui ne pensât jouer
en dupe.

Alors, et avant même qu'aucun amant ne
se présente, une femme en discute pour ainsi
dire la légalité ; elle subit un combat que se
livrent en elle les devoirs, les lois, la religion
et les désirs secrets d'une nature qui ne reçoit
de frein que celui qu'elle s'impose : là commence pour vous un ordre de choses tout nouveau ; là, se trouve le premier avertissement que
la nature, cette indulgente et bonne mère,
donne à toutes les créatures qui ont à courir
quelque danger : elle a mis au cou du minotaure
une sonnette, comme à la queue de cet épouvan-
table serpent, l'effroi du voyageur. Alors se
déclarent, dans votre femme, ce que nous
appellerons *les premiers symptômes*. Malheur
à qui n'a pas su les combattre ! Ceux qui, en
nous lisant, se souviendront de les avoir vu
se manifester jadis dans leur intérieur, peuvent passer à la conclusion de cet ouvrage, ils
y trouveront des consolations.

Cette situation dans laquelle un ménage
reste plus ou moins long-temps, sera le point
de départ de notre ouvrage, comme elle est

le terme de nos observations générales. Un homme d'esprit doit savoir reconnaître les mystérieux indices, les signes imperceptibles , et les révélations involontaires qu'une femme laisse échapper alors ; car la Méditation suivante pourra tout au plus accuser les gros traits aux néophytes de la science sublime du mariage.

MÉDITATION VIII.

Des Premiers Symptômes.

LORSQUE votre femme est dans la crise où nous l'avons laissée, vous êtes, vous, en proie à une douce et entière sécurité. Vous avez tant de fois vu le soleil que vous commencez à croire qu'il peut luire pour tout le monde. Alors vous ne prêtez plus aux moindres actions

de votre femme cette attention que vous donnait le premier feu du tempérament.

Cette indolence empêche beaucoup de maris d'apercevoir les symptômes par lesquels
leurs femmes annoncent un premier orage; et
cette disposition d'esprit a fait minotauriser
plus de maris que l'occasion, les fiacres, les
canapés et les appartemens en ville. Ce sentiment d'indifférence pour le danger est en
quelque sorte produit et justifié par le calme
apparent dont vous êtes entouré. La conspiration ourdie contre vous par notre million
de célibataires affamés semble être unanime
dans sa marche. Quoique tous ces damoiseaux
soient ennemis les uns des autres, et que pas
un d'eux ne se connaisse, une sorte d'instinct
leur a donné le même mot d'ordre.

Deux personnes se marient-elles? Les sbires
du minotaure, jeunes et vieux, ont tous ordinairement la politesse de laisser entièrement les
époux à eux-mêmes. Ils regardent un mari comme un ouvrier chargé de dégrossir, polir, tailler
à facettes et monter le diamant qui passera de
main en main pour être un jour admiré à la ronde. Aussi, l'aspect d'un jeune ménage fortement

épris, réjouit-il toujours ceux d'entre les célibataires qu'on a nommés les Roués : ils se gardent bien de troubler le travail dont la société doit profiter ; ils savent, d'ailleurs, que les nouveaux mariés n'ont d'abord jamais assez l'un de l'autre ; mais ils savent aussi que les grosses pluies durent peu ; alors ils se tiennent à l'écart, en faisant le guet, en épiant, avec une incroyable finesse, le moment où les deux époux commenceront à se lasser du septième ciel.

Le tact avec lequel les célibataires découvrent le moment où la bise vient à souffler dans un ménage, ne peut être comparé qu'à cette nonchalance à laquelle sont livrés les maris pour lesquels la Lune Rousse se lève. Il y a même en galanterie, une maturité qu'il faut savoir attendre. Le grand homme est celui qui juge tout ce que peuvent porter les circonstances. Ces gens de cinquante-deux ans, que nous avons présentés comme si dangereux, comprennent très-bien, par exemple, que tel homme, qui s'offre à être l'amant d'une femme et qui est fièrement rejeté, aurait été reçu à bras ouverts trois mois plus tard. Mais il est vrai de dire qu'en général les gens mariés mettent à trahir leur froideur la même naïveté qu'à annoncer leur amour.

Au temps où vous parcouriez avec madame les ravissantes campagnes du septième ciel, et où, selon les caractères, on reste campé plus ou moins long-temps, comme le prouve la Méditation précédente, vous alliez peu ou point dans le monde : heureux dans votre intérieur, si vous sortiez, c'était pour faire, à la manière des amans, une partie fine, courir au spectacle, à la campagne, etc. Du moment où vous reparaissez, ensemble ou séparément, au sein de la société ; que l'on vous voit assidus, l'un et l'autre, aux bals, aux fêtes, à tous ces vains amusemens créés pour fuir le vide du cœur, les célibataires devinent que votre femme y vient chercher des distractions ; donc, son ménage, son mari l'ennuyent.

Là, le célibataire sait que la moitié du chemin est fait. Là, vous êtes sur le point d'être minotaurisé, et votre femme tend à devenir inconséquente : c'est-à-dire, au contraire, qu'elle sera très-conséquente dans sa conduite, qu'elle la raisonnera avec une profondeur étonnante, et que vous n'y verrez que du feu. Dès ce moment elle ne manquera en apparence à aucun de ses devoirs, et recherchera d'autant plus les couleurs de la vertu qu'elle en aura moins. Hélas ! disait Crébillon ·

Doit-on donc hériter de ceux qu'on assassine!

Jamais vous ne l'aurez vue plus soigneuse à vous plaire. Elle cherchera à vous dédommager de la secrète lésion qu'elle médite de faire à votre bonheur conjugal, par de petites félicités qui vous font croire à la perpétuité de son amour ; de là vient le proverbe : Heureux comme un sot. Mais selon les caractères des femmes, où elles méprisent leurs maris, par cela même qu'elles les trompent avec succès ; ou elles les haïssent, si elles sont contrariées par eux ; ou elles tombent, à leur égard, dans une indifférence pire mille fois que la haine.

En cette occurrence, le premier diagnostic chez la femme est une grande excentricité. Elle aime à se sauver d'elle-même, à fuir son intérieur, mais sans cette avidité des époux complètement malheureux. Elle s'habille avec beaucoup de soin, afin, dira-t-elle, de flatter votre amour-propre en attirant tous les regards au milieu des fêtes et des plaisirs.

Revenu au sein de ses ennuyeux pénates, vous la verrez parfois sombre et pensive; puis tout-à-coup rire et s'égayer comme pour s'étourdir; ou prendre l'air grave d'un allemand qui marche au combat. D'aussi fréquentes variations annoncent toujours la terrible hésitation que nous avons signalée.

Il y a des femmes qui lisent des romans pour se repaître de l'image habilement présentée et toujours diversifiée d'un amour contrarié qui triomphe, ou pour s'habituer, par la pensée, aux dangers d'une intrigue.

Elle professera la plus haute estime pour vous. Elle vous dira qu'elle vous aime, comme on aime un frère; que cette amitié raisonnable est la seule vraie, la seule durable, et que le mariage n'a pour but que de l'établir entre deux époux.

Elle distinguera fort habilement qu'elle n'a que des devoirs à remplir, et qu'elle peut prétendre à exercer des droits.

Elle voit, avec une froideur que vous seul

pouvez calculer, tous les détails du bonheur conjugal. Ce bonheur ne lui a peut-être jamais beaucoup plu; et d'ailleurs, pour elle, il est toujours là; elle le connaît, elle l'a analysé; et alors, que de légères mais terribles preuves viennent prouver à un mari spirituel que cet être fragile argumente et raisonne au lieu d'être emporté par la fougue de la passion!...

APHORISME.

Plus on juge, moins on aime.

De là, jaillissent chez elle et ces plaisanteries dont vous riez le premier, et ces réflexions qui vous surprennent par leur profondeur; de là, viennent ces changemens soudains et ces caprices d'un esprit qui flotte. Parfois elle devient tout-à-coup d'une extrême tendresse comme par repentir de ses pensées et de ses projets, par fois elle est mausade et indéchiffrable ; enfin, elle accomplit le *varium et mutabile fœmina* que nous avons cu jusqu'ici la sottise d'attribuer à leur constitution. Diderot, dans le désir d'expliquer ces variations presque atmosphériques de la femme, a même été jusqu'à les faire provenir de ce qu'il nomme *la béte féroce ;* mais vous n'observerez jamais ces fréquentes anomalies chez une femme heureuse.

Ces symptômes sont légers comme de la gaze, ils ressemblent à ces nuages qui nuancent à peine l'azur du ciel et qu'on nomme des fleurs d'orage. Bientôt les couleurs prennent des teintes plus fortes.

Au milieu de cette méditation solennelle qui tend à mettre, selon l'expression de madame de Staël, plus de poésie dans la vie, quelques femmes, auxquelles des mères vertueuses par calcul, par devoir, par sentiment ou par hypocrisie, ont inculqué des principes tenaces, prennent les dévorantes idées dont elles sont assaillies pour des suggestions du démon ; et alors, vous les voyez trotter régulièrement à la messe, aux offices, aux vêpres même. Cette fausse dévotion commence par de jolis livres de prières, reliés avec luxe, à l'aide desquels ces chères pécheresses s'efforcent en vain de remplir les devoirs imposés par la religion et délaissés pour les plaisirs du mariage.

Ici, posons un principe, et gravez-le en lettres de feu dans votre souvenir :

Lorsqu'une jeune femme reprend tout-à-coup des pratiques religieuses autrefois abandonnées, ce nouveau système d'existence cache toujours un motif d'une haute importance pour le bonheur du mari. Sur cent femmes, il en est au moins soixante-dix-neuf chez lesquelles ce retour vers Dieu prouve qu'elles ont été inconséquentes ou vont le devenir.

Mais un symptôme plus clair, plus décisif, que tout mari reconnaîtra, sous peine d'être un sot, est celui-ci :

Au temps où vous étiez plongés l'un et l'autre dans les trompeuses délices de la Lune de Miel, votre femme, en véritable amante, fit constamment votre volonté. Heureuse de pouvoir vous prouver une bonne volonté que vous preniez, vous deux, pour de l'amour, elle aurait désiré que vous lui eussiez commandé de marcher sur le bord des gouttières, et, sur le champ, agile comme un écureuil, elle eût parcouru les toits. En un mot, elle trouvait un plaisir ineffable à vous sacrifier ce *je* qui la rendait un être différent de vous. Elle s'était identifiée à votre nature, obéissant à ce vœu du cœur : *una caro.*

Toutes ces belles dispositions d'un jour se sont effacées insensiblement. Blessée de rencontrer sa volonté anéantie, votre femme essayera maintenant de la reconquérir au moyen d'un système développé graduellement, et de jour en jour, avec une croissante énergie.

C'est le système de la *Dignité de la femme mariée.* Le premier effet de ce système est d'apporter dans vos plaisirs une certaine réserve et une certaine tiédeur dont vous êtes le seul juge.

Selon le plus ou le moins d'emportement de votre passion sensuelle, vous avez peut-être, pendant la Lune de Miel, deviné quelquelques-unes de ces vingt-deux voluptés qui autrefois créèrent, en Grèce, vingt-deux espèces de courtisanes adonnées particulièrement

à la culture de ces branches délicates d'un même art. Ignorante et naïve, curieuse et pleine
d'espérance, votre jeune femme aura pris
quelques grades dans cette science aussi rare
qu'inconnue et que nous recommandons singulièrement au futur auteur de la physiologie
du plaisir.

Alors par une matinée d'hiver, et semblables à ces troupes d'oiseaux qui craignent le froid
de l'Occident, s'envolent d'un seul coup, d'une
même aile, la Fellatrice, fertile en coquetteries qui trompent le désir pour en prolonger
les brûlans accès ; la Tractatrice, venue de l'O-
rient parfumé, où les plaisirs qui font rêver sont
en honneur ; la Subagitatrice, fille de la grande
Grèce ; la Lémane, avec ses voluptés douces et
chatouilleuses ; la Corinthienne, qui pourrait,
au besoin, les remplacer toutes ; puis enfin,
l'agaçante Phicidisseuse, aux dents dévoratrices
et lutines, dont l'émail semble intelligent. Une
seule, peut-être, vous est restée ; mais un soir, la
brillante et fougueuse Propétide étend ses ailes
blanches et s'enfuit, le front baissé, vous
montrant pour la dernière fois, comme l'ange
qui disparaît aux yeux d'Abraham, dans le

tableau de Rembrandt, les ravissans trésors qu'elle ignore elle-même, et qu'il n'était donné qu'à vous de contempler d'un œil enivré, de flatter d'une main caressante.

Sevré de toutes ces nuances de plaisir, de tous ces caprices d'âme, de ces flèches de l'A-mour, vous êtes réduit à la plus vulgaire des façons d'aimer, à cette primitive et innocente allure de l'hyménée, pacifique hommage que rendait le naïf Adam à notre mère com-mune.

Mais un symptôme aussi complet n'est pas fréquent. La plupart des ménages sont trop bons chrétiens pour suivre les usages de la Grèce payenne. Aussi nous avons rangé, parmi les *derniers symptômes*, l'apparition dans la paisible couche nuptiale de ces voluptés ef-frontées qui, la plupart du temps, sont filles d'une illégitime passion. En temps et lieu, nous traiterons plus amplement ce diagnostique enchanteur : ici, peut-être, se réduit-il à une nonchalance et même à une répugnance conjugale que vous êtes seul en état d'appré-cier.

En même temps qu'elle ennoblit ainsi par

sa dignité les fins du mariage, votre femme prétend qu'elle doit avoir son opinion, et vous la vôtre. « En se mariant, dira-t-elle, une femme ne fait pas vœu d'abdiquer sa raison. Les femmes sont-elles donc réellement esclaves? Les lois humaines ont pu enchaîner le corps, mais la pensée!... Dieu l'a placée trop près de lui pour que les tyrans pussent y porter les mains. »

Ces idées président nécessairement ou d'une instruction trop libérale que vous lui aurez laissé prendre, ou de réflexions que vous lui aurez permis de faire. Une méditation toute entière a été consacrée à *l'instruction en ménage.*

Puis votre femme commence à dire : « ma chambre, mon lit, mon appartement. » A beaucoup de vos questions, elle répondra : — « Mais, mon ami, cela ne vous regarde pas! » Ou : — « les hommes ont leur part dans la direction d'une maison, et les femmes ont la leur. » Ou bien, ridiculisant les hommes qui se mêlent du ménage, elle prétendra : « que les hommes n'entendent rien à certaines choses. » Le nombre des choses auxquelles vous n'entendez rien augmentera tous les jours.

Un beau matin vous verrez, dans votre petite église, deux autels là où vous n'en cultiviez qu'un seul. L'autel de votre femme et le vôtre seront devenus distincts, et cette distinction ira croissant, toujours en vertu du système de la dignité de la femme.

Viendront alors les idées suivantes, que l'on vous inculquera, malgré vous, par la vertu d'une *force vive*, fort ancienne et peu connue. La force de la vapeur, celle des chevaux, des hommes ou de l'eau sont de bonnes inventions ; mais la nature a pourvu la femme d'une force morale à laquelle ces dernières ne sont pas comparables : nous la nommerons : *Force de la Cresselle*. Cette puissance consiste dans une perpétuité de son, dans un retour si exact des mêmes paroles, dans une rotation si complète des mêmes idées, qu'à force de les entendre vous les admettez pour être délivré de la discussion. Ainsi, la puissance de la cresselle vous prouvera :

Que vous êtes bien heureux d'avoir une femme d'un tel mérite ;

Qu'on vous a fait trop d'honneur en vous épousant ;

Que souvent les femmes voient plus juste que les hommes ;

Que vous devriez prendre en tout l'avis de votre femme, et presque toujours le suivre ;

Que vous devez *respecter* la mère de vos enfans, l'honorer, avoir confiance en elle ;

Que la meilleure manière de n'être pas trompé est de s'en remettre à la délicatesse d'une femme, parce que, suivant certaines vieilles idées que nous avons eu la faiblesse de laisser s'accréditer, il est impossible à un homme d'empêcher sa femme de le minotauriser ;

Qu'une femme légitime est la meilleure amie d'un homme ;

Qu'une femme est maîtresse chez elle, et reine dans son salon ; etc.

Ceux qui, à ces conquêtes de la dignité de la femme sur le pouvoir de l'homme, veulent opposer une ferme résistance, tombent dans la catégorie des prédestinés.

D'abord, s'élèvent des querelles qui, aux yeux de leurs femmes, leur donnent un air de tyrannie. La tyrannie d'un mari est toujours une terrible excuse à l'inconséquence d'une femme. Puis, dans ces légères discussions, elles savent prouver à leurs familles, aux nôtres, à tout le monde, à nous-mêmes, que nous avons tort. Si, pour obtenir la paix, ou par amour, vous reconnaissez les droits prétendus de la femme, vous laissez à la vôtre un avantage dont elle profitera éternellement. Un mari, comme un gouvernement, ne doit jamais avouer de faute. Là, votre pouvoir serait débordé par le système occulte de la dignité féminine ; là, tout serait perdu ; dès ce moment elle marcherait de concession en concession jusqu'à vous chasser de *son* lit.

La femme étant fine, spirituelle, malicieuse, ayant tout le temps de penser à une ironie, elle vous tournerait en ridicule pendant le choc momentané de vos opinions. Le jour où elle vous aura ridiculisé verra la fin de votre bonheur. Votre pouvoir expirera. Une femme qui a ri de son mari ne peut plus l'aimer. Un homme doit être, pour la femme qui aime, un être plein de force, de grandeur et toujours imposant. Une famille ne saurait exister sans le despotisme.

Aussi, la conduite difficile qu'un homme doit tenir en présence d'événemens si graves, cette haute politique du mariage est-elle précisément l'objet des seconde et troisième parties de notre livre? Ce bréviaire du machiavélisme marital, vous apprendra la manière de vous grandir dans cet esprit léger, dans cette âme de dentelle, disait Napoléon. Vous saurez comment un homme peut montrer une âme d'acier, peut accepter cette petite guerre domestique, et ne jamais céder l'empire de la volonté sans compromettre son bonheur. En effet, si vous abdiquiez, votre femme vous mésestimerait par cela seul qu'elle vous trouverait sans vigueur; vous ne seriez plus un *homme* pour elle. Mais nous ne sommes pas encore arrivé au moment de développer les théories et les principes par lesquels un mari pourra concilier l'élégance des manières avec l'acerbité des mesures; qu'il nous suffise pour le moment de deviner l'importance de l'avenir, et poursuivons.

A cette époque fatale, vous la verrez établir avec adresse le droit de sortir seule.

Vous étiez naguères son Dieu, son idole.

Elle est maintenant parvenue à ce degré de dévotion qui permet d'apercevoir des trous à la robe des saints.

— Oh! mon Dieu, mon ami, disait madame de la Vallière à son mari, comme vous portez mal votre épée! M. de Richelieu a une manière de la faire tenir droite à son côté que vous devriez tâcher d'imiter, c'est de bien meilleur goût. — Ma chère, on ne peut pas me dire plus spirituellement qu'il y a cinq mois que nous sommes mariés!... répliqua le duc, dont la réponse fit fortune sous le règne de Louis XV.

Elle étudiera votre caractère pour trouver des armes contre vous. Cette étude, en horreur à l'amour, se découvrira par les mille petits piéges qu'elle vous tendra pour se faire, à dessein, rudoyer, gronder par vous; car, quand une femme n'a pas d'excuses pour minotauriser son mari, elle tâche d'en créer.

Elle se mettra à table sans vous attendre.

Si elle passe en voiture, au milieu d'une ville, elle vous indiquera certains objets que vous n'aperceviez pas; elle chantera devant vous sans avoir peur; elle vous coupera la parole, ne vous répondra quelquefois pas et vous prouvera de vingt manières différentes, qu'elle jouit, près de vous, de toutes ses facultés et de son bon sens.

Elle cherchera à abolir entièrement votre influence dans l'administration de la maison, et tentera de devenir seule maîtresse de votre fortune. D'abord, cette lutte sera une distraction pour son âme vide ou trop fortement remuée ; ensuite, elle trouvera dans votre opposition un nouveau motif de ridicule. Les expressions consacrées ne lui manqueront pas, et en France, nous cédons si vite au sourire ironique d'autrui !...

De temps à autre, apparaîtront des migraines et des mouvemens de nerfs : ces symptômes donneront lieu à toute une méditation.

Dans le monde, elle parlera de vous sans rougir et vous regardera avec assurance.

Elle commencera à blâmer vos moindres actes, parce qu'ils seront en contradiction avec ses idées ou ses intentions secrètes.

Elle n'aura plus autant de soin de ce qui vous touche, elle ne saura seulement pas si vous avez tout ce qu'il vous faut. Vous ne serez plus le terme de ses comparaisons.

A l'imitation de Louis XIV qui apportait à ses maîtresses les bouquets de fleurs d'oranger, que le premier jardinier de Versailles lui mettait tous les matins sur sa table, M. de Vivonne donnait presque tous les jours des fleurs rares à sa femme pendant les premiers temps de son mariage. Un soir il trouva le bouquet gisant sur une console, sans avoir été placé comme à l'ordinaire dans un vase plein d'eau.

— Oh! oh! dit-il, si je suis pas un sot je ne tarderai pas à l'être.

Vous êtes en voyage pour huit jours et vous ne recevez pas de lettres, ou vous en recevez une dont trois pages sont blanches..... Symptôme.

Vous arrivez monté sur un cheval de prix, que vous aimez beaucoup, et, entre deux baisers, votre femme s'inquiète du cheval et de son avoine..... Symptôme.

A ces traits, vous pouvez maintenant en ajouter d'autres. Nous tâcherons dans ce livre de toujours peindre à fresque et de vous laisser les miniatures. Selon les caractères, ces indices, cachés sous les accidens de la vie habituelle, varient à l'infini. Tel découvrira un symptôme dans la manière dont sa femme met un châle, lorsque tel autre aura besoin de recevoir une chiquenaude sur son âne pour deviner l'indifférence de sa compagne.

Un beau matin de printemps, le lendemain d'un bal, ou la veille d'une partie de campagne, cette situation arrive à son dernier période : votre femme s'ennuie et le bonheur permis n'a plus d'attrait pour elle. Ses sens, son imagination, le caprice et la nature peut-être appellent un amant. Cependant, elle n'ose pas encore s'embarquer dans une intrigue dont les conséquences et les détails l'effrayent. Vous êtes encore là pour quelque chose ; vous pesez dans la balance, mais bien peu. De son côté, l'amant se présente paré de toutes les grâces de la nouveauté, de tous les charmes du mystère. Le combat qui s'est élevé dans le cœur de votre femme devient devant l'ennemi plus réel et le plus périlleux que jadis. Bientôt, plus il y a de dangers et de risques à courir et plus elle brûle de se précipiter dans ce délicieux abîme de craintes, de jouissances, d'angoisses, de voluptés. Son imagination s'allume et pétille. Sa vie future se colore, à ses yeux, de teintes romanesques et mystérieuses. Son àme trouve que l'existence a déjà pris du ton dans cette discussion, solennelle pour les femmes. Tout s'agite, tout s'ébranle, tout s'émeut en elle. Elle vit trois fois plus qu'auparavant, et juge de l'avenir par le présent. Alors le peu de voluptés que vous lui avez prodiguées plaide contre vous ; car elle ne s'irrite pas tant des plaisirs dont elle a joui que de ceux dont elle jouira ; l'imagination ne lui présente-t-elle pas le bonheur plus vif, avec cet amant que les lois lui défendent, qu'avec vous ; enfin elle trouve des jouissances dans ses terreurs, et des terreurs dans ses jouissances. Puis, elle aime ce danger imminent, cette épée de Damoclès, suspendue au-dessus de sa tête par vous-même ; préférant ainsi les délirantes agonies d'une passion à cette inanité conjugale pire que la mort, à cette indifférence qui est moins un sentiment que l'absence de tout sentiment.

Vous qui avez peut-être à aller faire des accolades au Ministère des finances, des bordereaux à la Banque, des reports à la Bourse, ou des discours à la Chambre ; vous, jeune homme, qui avez si ardemment répété avec tant d'autres dans notre première Méditation le serment de défendre votre bonheur en défendant votre femme, que pouvez-vous opposer à ces désirs si naturels chez elle?..... car pour ces créatures de feu, vivre, c'est sentir; du moment où elles n'éprouvent rien, elles sont mortes : la loi en vertu de laquelle vous marchez produit en elles ce minotaurisme involontaire. — « C'est, disait d'Alembert, une suite des lois du mouvement! » Eh bien, où sont vos moyens de défense?... où?

Hélas! si votre femme n'a pas encore tout-à-fait baisé l'ergot de Satan, Satan est devant elle; vous dormez, nous vous réveillons et notre livre commence.

Alors sans examiner combien de maris, parmi les cinq cent mille que cet ouvrage concerne, seront restés avec les prédestinés ; combien se seront mal mariés ; combien auront mal débuté avec leurs femmes ; et sans vouloir chercher si, de cette troupe nombreuse, il y en a peu ou prou qui puissent satisfaire aux conditions voulues pour lutter contre le danger qui s'approche, nous allons développer dans la seconde et la troisième parties de cet ouvrage, les moyens de combattre le Minotaure et de conserver intacte la vertu des femmes. Mais, si la fatalité, le diable, le célibat, l'occasion veulent votre perte, en reconnaissant le fil de toutes les intrigues, en assistant aux batailles que se livrent tous les ménages, peut-être vous consolerez-vous ? Beaucoup de gens ont un caractère si heureux qu'en leur montrant la place, leur expliquant le pourquoi, le comment, ils se grattent le front, se frottent les mains, frappent du pied, et sont satisfaits.

MÉDITATION IX.

Epilogue.

Fidèle à notre promesse, cette première partie a déduit les causes générales qui font arriver tous les mariages à la crise que nous venons de décrire; et, tout en traçant ces prolégomènes conjugaux, nous avons indiqué la manière d'échapper au malheur, en montrant par quelles fautes il est engendré.

Mais ces considérations premières ne seraient-elles pas incomplètes, si, après avoir tâché de jeter quelques lumières sur l'inconséquence de nos idées, de nos mœurs et de nos lois, relativement à une question qui embrasse la vie de presque tous les êtres, nous ne cherchions pas à établir par une courte péroraison les causes politiques de cette infirmité sociale? Après avoir accusé les vices secrets de l'institution, n'est-ce pas aussi un examen philosophique que de rechercher pourquoi et comment nos mœurs l'ont rendue vicieuse?

Le système de lois et de mœurs qui régit aujourd'hui les femmes et le mariage en France est le fruit d'anciennes croyances et de traditions qui ne sont plus en rapport avec les principes éternels de raison et de justice développés par l'immortelle révolution de 1789.

Trois grandes commotions ont agité la France : la conquête des Romains, le christianisme et l'invasion des Francs. Chaque événement a laissé de profondes empreintes sur le sol, dans les lois, dans les mœurs et l'esprit de la nation.

La Grèce, ayant un pied en Europe et l'autre en Asie, fut influencée par son climat passionné dans le choix de ses institutions conjugales : elle les reçut de l'Orient où ses philosophes, ses législateurs et ses poètes allèrent étudier les antiquités voilées de l'Égypte et de la Chaldée. La réclusion absolue des femmes, commandée par l'action du soleil brûlant de l'Asie, domina dans les lois de la Grèce et de l'Ionie : la femme y resta confiée aux marbres des Gynécées. La patrie se réduisant à une ville, à un territoire peu vaste, les courtisanes, qui tenaient aux arts et à la religion par tant de liens, purent suffire aux premières passions d'une jeunesse peu nombreuse, dont les forces étaient d'ailleurs absorbées dans les exercices violens d'une gymnastique exigée par l'art militaire de ces temps héroïques.

Au commencement de sa royale carrière, Rome, ayant été demander à la Grèce les principes d'une législation qui pouvait encore convenir au ciel de l'Italie, imprima sur le

front de la femme mariée le sceau d'une complète servitude. Le sénat comprit l'importance
de la vertu dans une république, et il obtint
des mœurs par un développement excessif de
la puissance maritale et paternelle. La dépen-
dance de la femme se trouva écrite partout. La
réclusion de l'Orient devint un devoir, une
obligation morale, une vertu. De là, les temples
élevés à la Pudeur, et les temples consacrés à la
Sainteté du mariage ; de là, les censeurs, l'institution dotale, les lois somptuaires, le respect
pour les matrones et toutes les dispositions
du droit romain. Aussi, trois viols accomplis
ou tentés firent-ils trois révolutions ; aussi,
était-ce un grand événement solennisé par des
décrets, que l'apparition des femmes sur la
scène politique ! Ces illustres Romaines, con-
damnées à n'être qu'épouses et mères, passèrent leur vie dans la retraite, occupées à élever des maîtres pour le monde. Rome n'eut
point de courtisanes, parce que la jeunesse y
était occupée à des guerres éternelles. Si plus
tard la dissolution vint, ce fut avec le despotisme des empereurs ; et encore, les préjugés
fondés par les anciennes mœurs étaient-ils si

vivaces, que Rome ne vit jamais de femmes monter sur un théâtre. Ces faits ne seront pas perdus pour cette rapide histoire du mariage en France.

Les Gaules conquises, les Romains imposèrent leurs lois aux vaincus; mais elles furent impuissantes à détruire et le profond respect de nos ancêtres pour les femmes, et ces antiques superstitions qui en faisaient les organes immédiats de la Divinité. Les lois romaines finirent cependant par régner exclusivement à toutes autres dans ces pays appelés jadis *de droit écrit* qui représentaient la *Gallia togata*, et leurs principes conjugaux pénétrèrent plus ou moins dans les pays *de coutumes*.

Mais pendant ce combat des lois contre les mœurs, les Francs envahissaient les Gaules auxquelles ils donnèrent le doux nom de France; et ces guerriers, sortis du nord, y importaient le système de galanterie né dans leurs régions occidentales où le mélange des sexes n'exige pas, sous des climats glacés, la pluralité des femmes et les jalouses précautions de l'O-rient. Loin de là, chez eux, ces créatures presque divinisées réchauffaient la vie privée par l'éloquence de leurs sentimens. Les sens endormis sollicitaient cette variété de moyens énergiques et délicats, cette diversité d'action, cette irritation de la pensée et ces barrrières chimériques créées par la coquetterie, système dont nous avons développé quelques principes dans cette première partie et qui convient admirablement au ciel tempéré de la France.

A l'Orient donc, la passion et son délire, les longs cheveux bruns et les harems, les divinités amoureuses, la pompe, la poésie et les monumens. A l'Occident, la liberté des femmes, la souveraineté de leurs blondes chevelures, la galanterie, les fées, les sorcières, les profondes extases de l'âme, les douces émotions de la mélancolie, et les longues amours.

Ces deux systèmes partis des deux points opposés du globe vinrent lutter en France; en France, où une partie du sol, la langue d'Oc, pouvait se plaire aux croyances orientales, tandis que l'autre, la langue d'Oyl, était la patrie de ces traditions qui attribuent une puissance magique à la femme. Dans la langue d'Oyl, l'amour demande des mystères; dans la langue d'Oc, voir c'est aimer.

Au fort de ce débat, le christianisme vint triompher en France, et il vint prêché par des femmes, et il vint consacrant la divinité d'une femme qui, dans les forêts de la Bretagne, de la Vendée et des Ardennes, prit, sous le nom de Notre-Dame, la place de plus d'un idole au creux des vieux chênes druidiques.

Si la religion du Christ, qui, avant tout, est un code de morale et de politique, donnait une âme à tous les êtres, proclamait l'égalité des êtres devant Dieu et fortifiait pas ses principes les doctrines chevaleresques du nord, cet avantage était bien balancé par la résidence du souverain pontife, à Rome, dont il s'instituait héritier, par l'universalité de la langue latine qui devint celle de l'Europe au moyen-âge, et par le plus puissant intérêt que les moines, les scribes et les gens de loi eurent à faire triompher les codes trouvés par un soldat au pillage d'Amalfi.

Les deux principes de la servitude et de la souveraineté des femmes restèrent donc en présence enrichis l'un et l'autre de nouvelles armes.

La loi salique, erreur légale, fit triompher la servitude civile et politique sans abattre le pouvoir que les mœurs donnaient aux femmes, car l'enthousiasme dont l'Europe fut saisie pour la chevalerie soutint le parti des mœurs contre les lois.

Ainsi se forma l'étrange phénomène présenté, depuis lors, par notre caractère national et notre législation ; car, depuis ces époques qui semblent être la veille de la révolution, quand un esprit philosophique s'élève et considère l'histoire, la France a été la proie de tant de convulsions ; la Féodalité, les Croisades, la Réforme, la lutte de la royauté et de l'aristocratie, le despotisme et le sacerdoce l'ont si fortement pressée dans leurs serres, que la femme y est restée en butte aux contradictions bizarres nées du conflit des trois événemens principaux que nous avons esquissés. Pouvait-on s'occuper de la femme, de son éducation politique et du mariage, quand la Fédoalité mettait le trône en question, quand la Réforme les menaçait l'une et l'autre, et quand le peuple était oublié entre le sacerdoce et l'empire. Selon une expression de madame

Necker, les femmes furent à travers ces grands événemens comme ces duvets introduits dans les caisses de porcelaine : comptés pour rien, tout se briserait sans eux.

Alors la femme mariée offrit en France le spectacle d'une reine asservie, d'une esclave à la fois libre et prisonnière; alors les contradictions produites par la lutte des deux principes éclatèrent dans l'ordre social en y dessinant des bizarreries par milliers ; alors la femme étant physiquement peu connue, ce qui fut maladie en elle se trouva un prodige, une sorcellerie ou le comble de la malfaisance ; alors ces créatures traitées par les lois comme des enfans prodigues et mises en tutelle, étaient déifiées par les mœurs. Semblables aux affranchis des empereurs, elles disposaient des couronnes, des batailles, des fortunes, des coups d'état, des crimes, des vertus par le seul scintillement de leurs yeux, et ne possédaient rien, et ne se possédaient pas elles-mêmes. Elles furent également heureuses et malheureuses : armées de leur faiblesse et fortes de leur instinct, elles s'élancèrent hors de la sphère où les lois devaient les placer, se mon-

trant toutes puissantes pour le mal, impuissantes pour le bien ; sans mérite dans leurs
vertus commandées , sans excuses dans leurs
vices ; accusées d'ignorance et privées d'éducation ; ni tout-à-fait mères, ni tout-à-fait épouses. Ayant tout le temps de couver des passions et de les développer, elles obéissaient à
la coquetterie des Francs, tandis qu'elles devaient comme des Romaines rester dans l'enceinte des châteaux à élever des guerriers. Aucun système n'étant fortement développé dans
la législation, les esprits suivirent leurs inclinations et l'on vit autant de Marion De-
lorme que de Cornélies, autant de vertus que
de vices. C'étaient des créatures aussi incomplètes que les lois qui les gouvernaient : consi-
dérées par les uns comme un être intermédiaire
entre l'homme et les animaux, comme une
bête maligne que les lois ne sauraient garotter
de trop de liens et que la nature avait destinée
avec tant d'autres au bon plaisir des humains ;
considérée par d'autres comme un ange exilé ,
source de bonheur et d'amour, comme la seule
créature qui répondît aux sentimens de l'homme
et dont on devait venger les misères par une

idolàtrie. Comment l'unité qui manquait aux institutions politiques pouvait-elle exister dans les mœurs ?

La femme fut donc ce que les circonstances et les hommes la firent, au lieu d'être ce que le climat et les institutions la devaient faire : vendue, mariée contre son gré en vertu de la puissance paternelle des Romains, en même temps qu'elle tombait sous le despotisme marital qui désirait sa réclusion, elle se voyait solliciter aux seules représailles qui lui fussent permises. Alors elle devint dissolue quand les hommes cessèrent d'être puissamment occupés par des guerres intestines, par la même raison qu'elles furent vertueuses au milieu des commotions civiles. Mais tout homme instruit peut nuancer ce tableau, nous demandons aux événemens leurs leçons et non pas leur poésie.

La révolution était trop occupée d'abattre et d'édifier, avait trop d'adversaires, ou fut peut-être encore trop voisine des temps déplorables de la Régence et de Louis XV, pour pouvoir examiner la place que la femme doit tenir dans l'ordre social.

Les hommes remarquables qui élevèrent le

monument immortel de nos codes, étaient presque tous d'anciens légistes frappés de l'importance des lois romaines, et d'ailleurs, ils ne fondaient pas des institutions politiques. Fils de la révolution, ils crurent, avec elle, que la loi du divorce, sagement rétrécie; que la faculté des soumissions respectueuses étaient des améliorations suffisantes. Devant le souvenir de l'ancien ordre de choses, ces institutions nouvelles parurent immenses.

Aujourd'hui, la question du triomphe des deux principes bien affaiblis par tant d'événemens et par le progrès des lumières, reste toute entière à traiter pour de sages législateurs. Le temps passé contient des enseignemens qui doivent porter leurs fruits dans l'avenir. L'éloquence des faits serait-elle perdue pour nous?

Le développement des principes de l'Orient a exigé des eunuques et des sérails; les mœurs bâtardes de la France ont amené la plaie des courtisanes et la plaie plus profonde de nos mariages : ainsi, pour nous servir de la phrase toute faite par un contemporain, l'Orient sacrifie, à la paternité, des hommes et la justice; la

France, des femmes et la pudeur. Ni l'Orient,
ni la France, n'ont atteint le but que ces institutions devaient se proposer : le bonheur.
L'homme n'est pas plus aimé par les femmes
d'un harem, que le mari n'est sûr d'être, en
France, le père de ses enfans ; et le mariage
ne vaut pas tout ce qu'il coûte. Il est temps
de ne lui rien sacrifier, et de mettre le fonds
d'une plus grande somme de bonheur dans
l'état social, en conformant nos mœurs et nos
institutions à notre climat.

Le gouvernement constitutionnel, heureux
mélange de deux systèmes politiques extrê-
mes, le despotisme et la démocratie, semble
indiquer la nécessité de confondre aussi les
deux principes conjugaux qui, en France, se
sont heurtés jusqu'ici. La liberté que nous
avons hardiment réclamée pour les jeunes
personnes, remédie a cette foule de maux dont
nous avons peut-être indiqué la source, en
exposant les contre-sens produits par l'esclavage des filles. Rendons à la jeunesse, les passions, les coquetteries, l'amour et ses terreurs, l'amour et ses douceurs, et le séduisant
cortége des Francs. A cette saison printanière

de la vie, nulle faute n'est irréparable, et l'hy-
men sortira du sein des épreuves, armé de
confiance, désarmé de haine, et l'amour y sera
justifié par d'utiles comparaisons.

Dans ce changement de nos mœurs, périra
d'elle-même la honteuse plaie des filles publiques. C'est surtout au moment où l'homme possède la candeur et la timidité de l'adolescence,
qu'il est égal pour son bonheur de rencontrer
de grandes et de vraies passions à combattre.
L'àme est heureuse de ses efforts, quels qu'ils
soient; pourvu qu'elle agisse, qu'elle se meuve,
peu lui importe d'exercer son pouvoir contre
elle-même. Il existe dans cette observation,
que tout le monde a pu faire, un secret de
législation, de tranquillité et de bonheur. Puis,
aujourd'hui, les études ont pris un tel développement, que le plus fougueux des Mirabeau à
venir peut enfouir son énergie dans une passion et dans les sciences. Combien de jeunes
gens n'ont-ils pas été sauvés de la débauche
par des travaux opiniàtres unis aux renais-
sans obstacles d'un premier, d'un pur amour ;
car, quelle est la jeune fille qui ne désire pas
prolonger la délicieuse enfance des sentimens,

qui ne se trouve orgueilleuse d'être connue, et qui n'ait à opposer les craintes enivrantes de sa timidité, la pudeur de ses transactions secrètes avec elle-même, aux jeunes désirs d'un amant inexpérimenté comme elle. La galanterie des Francs et ses plaisirs seront donc le riche apanage de la jeunesse, et alors s'établiront naturellement ces rapports d'âme, d'esprit, de caractère, d'habitude, de tempérament, de fortune, qui amènent l'heureux équilibre voulu pour le bonheur de deux époux. Ce système serait assis sur des bases bien plus larges et bien plus franches, si les filles étaient soumises à une exhérédation sagement calculée, ou si, pour contraindre les hommes à ne se déterminer dans leurs choix, qu'en faveur de celles qui leur offriraient des gages de bonheur, par leurs vertus, leur caractère ou leurs talens, elles étaient mariées, comme aux États-Unis, sans dot.

Alors, le système adopté par les Romains pourra, sans inconvéniens, s'appliquer aux femmes mariées qui, jeunes filles, auront usé de leur liberté. Exclusivement chargées de l'éducation primitive des enfans, la plus importante de toutes les obligations d'une mère, occupées de faire naître et de maintenir ce bonheur de tous les instans, si admirablement peint dans le quatrième livre de Julie, elles seront, dans leur maison, comme les anciennes Romaines, une image vivante de la Providence qui éclate partout, et ne se laisse voir nulle part. Alors les lois sur l'infidélité de la femme mariée devront être excessivement sévères. Elles devront prodiguer plus d'infamie encore, que de peines afflictives et coercitives. La France a vu promener des femmes montées sur des ânes pour de prétendus crimes de magie, et plus d'une innocente est morte de honte, voilà le secret de cette législation future. Les filles de Milet se guérissaient du mariage par la mort, le Sénat condamne les suicides à être traînées toutes nues sur une claie, et les vierges se condamnent à la vie.

Les femmes et le mariage ne seront donc respectés en France que par le changement radical que nous implorons pour nos mœurs. Cette pensée profonde est celle qui anime les deux plus belles productions d'un immortel génie.

L'Emile et la Nouvelle Héloïse ne sont que deux éloquens plaidoyers en faveur de ce système. Cette voix retentira dans les siècles, parce qu'elle a deviné les vrais mobiles des lois et des mœurs des siècles futurs. En attachant les enfans au sein de leurs mères. Jean-Jacques rendait déjà un immense service à la vertu ; mais son siècle était trop profondément gangrené pour comprendre les hautes leçons que renfermaient ces deux poëmes ; il est vrai d'ajouter aussi que le philosophe fut vaincu par le poète, et qu'en laissant dans le cœur de Julie mariée des vestiges de son premier amour, il a été séduit par une situation poétique plus touchante que la vérité qu'il voulait développer, mais moins utile.

Cependant, si le mariage, en France, est un immense contrat par lequel les hommes s'entendent tous tacitement pour donner plus de saveur aux passions, plus de curiosité, plus de mystère à l'amour, plus de piquant aux femmes, si une femme est plutôt un ornement de salon, un mannequin à modes, un porte-manteau, qu'un être dont les fonctions, dans l'ordre politique, puissent se coordonner avec la prospérité d'un pays, avec la gloire d'une patrie ; qu'une créature dont les soins puissent lutter d'utilité avec celles des hommes?... j'avoue que toute cette théorie, que ces longues considérations disparaîtraient devant d'aussi importantes destinées !...

Mais c'est assez avoir pressé le marc des événemens accomplis, pour en tirer une goutte de philosophie, c'est avoir assez sacrifié à la passion dominante de l'époque actuelle pour l'*historique*, ramenons nos regards sur les mœurs présentes. Reprenons le bonnet aux grelots et la marotte dont Rabelais fit jadis un sceptre, et poursuivons le cours de cette analyse sans donner à une plaisanterie plus de gravité qu'elle n'en peut avoir, sans donner aux choses graves plus de plaisanterie qu'elles n'en comportent.

FIN DE LA PREMIÈRE PARTIE.

DEUXIÈME PARTIE.

DES MOYENS DE DÉFENSE

A L'INTÉRIEUR ET A L'EXTÉRIEUR.

To be or not be....

L'être ou ne pas l'être, voilà toute la question.

Shakespeare, HAMLET

MÉDITATION X.

Traité de Politique maritale.

Quand un homme arrive à la situation où
le place la première partie de ce livre, nous
supposons que l'idée de savoir sa femme pos-
sédée par un autre, peut encore faire palpiter
son cœur, et que sa passion se rallumera, soit
par amour-propre ou par égoïsme, soit par

intérêt ; car s'il ne tenait plus à sa femme, ce
serait l'avant-dernier des hommes, et il méri-
terait son sort.

Dans cette longue crise, il est bien difficile
à un mari de ne pas commettre de fautes; car,
pour la plupart d'entre eux, l'art de gouverner une femme est encore moins connu que
celui de la bien choisir. Cependant la politique maritale ne consiste guères que dans la
constante application de trois principes qui
doivent être l'âme de votre conduite. Le premier est de ne jamais croire à ce qu'une femme
dit, le second, de toujours chercher l'esprit de
ses actions sans vous arrêter à la lettre; et le
troisième, de ne pas oublier qu'une femme
n'est jamais si bavarde que quand elle se tait,
et n'agit jamais avec plus d'énergie que lorsqu'elle est en repos.

Dès ce moment, vous êtes comme un cava-
lier qui, monté sur un cheval sournois, doit
toujours le regarder entre les deux oreilles,
sous peine d'être désarçonné.

Mais l'art est bien moins dans la connaissance des principes que dans la manière de
les appliquer : les révéler à des ignorans, c'est

laisser des rasoirs sous la main d'un singe. Aussi, le premier et le plus vital de vos devoirs est-il dans une dissimulation perpétuelle à laquelle manquent presque tous les maris. En s'apercevant d'un symptôme minotaurique un peu trop marqué chez leurs femmes, la plupart des hommes témoignent, tout d'abord, d'insultantes méfiances. Leurs caractères contractent une acrimonie qui perce ou dans leurs discours, ou dans leurs manières; et la crainte est, dans leur âme, comme un bec de gaz sous un globe de verre : elle éclaire leur visage aussi puissamment qu'elle explique leur conduite.

Or, une femme qui a, sur vous, douze heures dans la journée pour réfléchir et vous observer, lit vos soupçons écrits sur votre front, au moment même où ils se forment. Cette injure gratuite, elle ne la pardonnera jamais. Là, il n'existe plus de remède; là, tout est dit : le lendemain même, s'il y a lieu, elle se range parmi les femmes inconsé- quentes.

Vous devez donc, dans la situation respective des deux parties belligérantes, commencer

par affecter envers votre femme cette confiance sans bornes que vous aviez naguère en
elle. Si vous cherchez à l'entretenir dans l'erreur, par de mielleuses paroles, vous êtes
perdu, elle ne vous croira pas; car elle a sa
politique comme vous avez la vôtre. Or, il faut
autant de finesse que de bonhomie dans vos
actions, pour lui inculquer, à 'son propre
insu, ce précieux sentiment de sécurité qui
l'invite à remuer les oreilles, et vous permet
de n'user qu'à propos de la bride ou de l'éperon.

Mais comment oser comparer un cheval,
de toutes les créatures la plus candide, à un
être que les spasmes de sa pensée et les affections de ses organes rendent par momens plus
prudent que le Servite Fra-Paolo, le plus terrible Consulteur que les Dix aient eu à Venise;
plus dissimulé qu'un roi; plus adroit que
Louis XI; plus profond que Machiavel; sophistique autant que Hobbes; fin comme
Voltaire; plus facile que la Fiancée de Mamo-
lin, et qui, dans le monde entier, ne se
défie que de vous.

Aussi, à cette dissimulation, grâce à laquelle
les ressorts de votre conduite doivent devenir

aussi invisibles que ceux de l'univers, vous est-il nécessaire de joindre un empire absolu sur vous-même. L'imperturbabilité diplomatique si vantée de M. de Talleyrand sera la moindre de vos qualités : son exquise politesse, la grâce de ses manières, respireront dans tous vos discours. Le professeur vous défend ici très-expressément l'usage de la cravache si vous voulez parvenir à ménager votre gentille Andalouse. Qu'un homme batte sa maîtresse... c'est une blessure; mais sa femme!... c'est un suicide.

Comment donc concevoir un gouvernement sans maréchaussée, une action sans force, un pouvoir désarmé?... Voilà le problème que nous essayerons de résoudre dans nos Méditations futures. Mais il existe encore deux observations préliminaires à vous soumettre. Elles vont nous livrer deux autres théories qui entreront dans l'application de tous les moyens mécaniques dont nous allons vous proposer l'emploi. Un exemple vivant rafraîchira ces arides et sèches dissertations : ne sera-ce pas quitter le livre pour opérer sur le terrain ?

L'an 1822, par une belle matinée du mois de janvier, je remontais les boulevards de Paris depuis les paisibles sphères du Marais, jusqu'aux élégantes régions de la Chaussée-d'Antin, observant pour la première fois, non sans une joie philosophique, ces singulières dégradations de physionomie et ces variétés de toilette qui, depuis la rue du Pas-de-la-Mule jusqu'à la Madeleine, font de chaque portion de boulevard, un monde particulier, et de toute cette zone parisienne un large échantillon de mœurs.

N'ayant encore aucune idée des choses de la vie, et ne me doutant guères qu'un jour j'aurais l'outre-cuidance de m'ériger en législateur du mariage, j'allais déjeûner chez un de mes amis de collége qui s'était de trop bonne heure, peut-être, affligé d'une femme et de deux enfans. Mon ancien professeur de mathématiques demeurant à peu de distance de la maison qu'habitait mon camarade, je m'étais promis de rendre une visite à ce digne mathématicien, avant de livrer mon estomac à toutes les friandises de l'amitié.

Je pénétrai facilement jusqu'au cœur d'un

cabinet, où tout était couvert d'une poussière
attestant les honorables distractions du savant.
Une surprise m'y était réservée : j'aperçus une
jolie dame assise sur le bras d'un fauteuil,
comme si elle eût monté un cheval anglais.
Elle me fit cette petite grimace de convention,
réservée par les maîtresses de maison pour
les personnes qu'elles ne connaissent pas,
mais elle ne déguisa pas assez bien l'air bou-
deur qui, à mon arrivée, attristait sa figure,
pour que je ne devinasse pas l'inopportunité
de ma présence. Sans doute occupé d'une
équation, mon maître n'avait pas encore levé
la tête ; alors j'agitai ma main droite vers la
jeune dame, comme un poisson qui remue
sa nageoire, et je me retirai sur la pointe des
pieds en lui lançant un mystérieux sourire qui
pouvait se traduire par : « Ce ne sera certes pas
moi qui vous empêcherai de lui faire faire une
infidélité à Polymnie. » Elle laissa échapper un
de ces gestes de tête dont il est impossible de
rendre la gracieuse vivacité.

—Eh, mon bon ami, ne vous en allez pas !
s'écria le géomètre. C'est ma femme.

Alors je la saluai plus particulièrement. O

Coulon ! où étais-tu pour applaudir le seul de tes élèves qui comprit alors ton expression d'*anacréontique* appliquée à une révérence !... L'effet devait en être bien pénétrant ; car madame de M... rougit et se leva précipitamment pour s'en aller en me faisant un léger salut qui semblait dire : — adorable !...

Son mari l'arrêta en lui disant : — Reste, ma fille. C'est un de mes élèves. La jeune femme avança la tête vers le savant, comme un oiseau qui, perché sur une branche, tend le cou pour avoir une graine.

— Cela n'est pas possible ?... dit le mari en poussant un soupir ; et je vais te le prouver par *A* plus *B*.

— Eh, monsieur, laissons cela, je vous prie ! répondit-elle en clignant des yeux et me montrant. Si ce n'eût été que de l'algèbre, mon maître aurait pu comprendre ce regard, mais c'était pour lui du chinois, et alors il continua.

— Ma fille, vois, je te fais juge ? nous avons dix mille francs de rente...

A ces mots, je me retirai vers la porte comme si j'eusse été pris de passion pour des lavis encadrés que je me mis à examiner. Ma discré-

tion fut récompensée par une éloquente œil-
lade. Hélas ! elle ne savait pas que j'aurais pu
jouer dans Fortunio le rôle de Fine-oreille qui
entend pousser les truffes.

— Les principes de l'économie générale,
disait mon maître, veulent qu'on ne mette au
prix du logement et aux gages des domestiques,
que deux dixièmes du revenu; or, notre appartement et nos gens coûtent ensemble cent
louis. Je te donne douze cents francs pour ta
toilette. Là il appuya sur chaque syllabe. Ta cuisine, reprit-il, consomme quatre mille francs;
nos enfans exigent au moins vingt-cinq louis;
et je ne prends pour moi que huit cents francs.
Le blanchissage, le bois, la lumière vont à
mille francs environ; partant, il ne reste,
comme tu vois, que six cents francs qui n'ont
jamais suffi aux dépenses imprévues. Pour
acheter la croix de diamans, il faudrait
prendre mille écus sur nos capitaux; or, une
fois cette voie ouverte, ma petite belle, il n'y
aurait pas de raison pour ne pas quitter ce
Paris que tu aimes tant : nous ne tarderions
pas à être obligés d'aller en province réta-
blir notre fortune compromise. Les enfans et

la dépense croîtront assez! Allons, sois sage.

— Il le faut bien, dit-elle, mais vous serez le seul, dans Paris, qui n'aurez pas donné d'étrennes à votre femme! et elle s'évada comme un écolier qui vient d'achever une pénitence.

Mon maître hocha la tête en signe de joie. Quand il vit la porte fermée, il se frotta les mains, nous causâmes de la guerre d'Espagne, et j'allai rue de Provence, ne songeant pas plus que je venais de recevoir la première partie d'une grande leçon conjugale, que je ne pensais à la conquête de Constantinople par le général Diebitch. J'arrivai chez mon Amphitryon au moment où les deux époux se mettaient à table, après m'avoir attendu pendant la demi-heure voulue par la discipline œcuménique de la gastronomie.

Ce fut, je crois, en ouvrant un pâté de foie gras que ma jolie hôtesse dit à son mari d'un air délibéré :

— Alexandre, si tu étais bien aimable, tu me donnerais cette paire de girandoles que nous avons vue chez Fossin.

— Mariez-vous donc?... s'écria plaisamment mon camarade en tirant de son carnet trois billets de mille francs qu'il fit briller aux yeux pétillans de sa femme. Je ne résiste pas plus au plaisir de te les offrir, ajouta-t-il, que toi à celui de les accepter. C'est aujourd'hui l'anniversaire du jour où je t'ai vue pour la première fois : les diamans t'en feront peut-être souvenir ?...

— Méchant !... dit-elle avec un ravissant sourire. Elle plongea deux doigts dans son corset ; et, en retirant un bouquet de violettes, elle le jeta par un dépit enfantin au nez de mon ami.

Alexandre donna le prix des girandoles en s'écriant : — J'avais bien vu les fleurs !...

Je n'oublierai jamais le geste vif et l'avide gaîté avec laquelle, semblable à un chat qui met sa patte mouchetée sur une souris, la petite femme se saisit des trois billets de banque. Elle les roula en rougissant de plaisir, et les mit à la place des violettes qui naguères parfumaient son sein.

Je ne pus m'empêcher de penser à mon maître de mathématiques. Je ne vis alors d'autre différence entre son élève et lui, que celle qui existe entre un homme économe et un prodigue ; ne me doutant guère que celui des deux qui, en apparence, savait le mieux calculer, calculait le plus mal.

Le déjeuner s'acheva donc très-gaîment. Installés bientôt dans un petit salon fraîchement décoré, assis devant un feu qui chatouillait doucement les fibres, les consolait du froid, et les faisait épanouir comme au printemps, je me crus obligé de tourner à ce couple amoureux une phrase de convive sur l'ameublement de ce petit oratoire.

— C'est dommage que tout cela coûte si cher!... dit mon ami ; mais il faut bien que le nid soit digne de l'oiseau ! Pourquoi, diable, vas-tu me complimenter sur des tentures qui ne sont pas payées?... Tu me fais souvenir, pendant ma digestion, que je dois encore deux mille francs à un turc de tapissier. A ces mots, la maîtresse de la maison inventoria des yeux ce joli boudoir ; et, de brillante, sa figure devint songeresse. Alexandre me prit par la main et m'entraîna dans l'embrasure d'une croisée.

— Aurais-tu par hasard un millier d'écus à me prêter ? dit-il à voix basse. Je n'ai que dix à douze mille livres de rente, et cette année.....

— Alexandre!... s'écria la chère créature en interrompant son mari, en accourant à nous, et présentant les trois billets ; Alexandre?... je vois bien que c'est une folie...

— De quoi te mêles-tu!... répondit-il, garde donc ton argent.

—Mais, mon amour, je te ruine! Je devrais savoir que tu m'aimes trop pour que je puisse me permettre de te confier tous mes désirs.....

— Garde, ma chérie, c'est de bonne prise! Bah, je jouerai cet hiver et je regagnerai cela!

— Jouer!... dit-elle, avec une expression de terreur. Alexandre, reprends tes billets? Allons, monsieur, je le veux.

— Non, non, répondit mon ami en repoussant une petite main blanche et délicate ; ne vas-tu pas jeudi au bal de madame de...?

— Je songerai à ce que tu me demandes, dis-je à mon camarade; et je m'esquivai en saluant sa femme, mais je vis bien d'après la scène qui se préparait que mes révérences anacréontiques ne produiraient pas là beaucoup d'effet.

Il faut qu'il soit fou, pensais-je en m'en allant, pour parler de mille écus à un étudiant en droit !

Cinq jours après, je me trouvai sur le minuit chez madame de... dont les bals devenaient à la mode. Au milieu du plus brillant des quadrilles, j'aperçus la femme de mon ami et celle du mathématicien. Madame Alexandre avait une ravissante toilette dont quelques fleurs et de blanches mousselines faisaient tous les frais. Elle portait une petite croix à la Jeannette, attachée par un ruban de velours noir qui rehaussait la blancheur de sa peau parfumée, et de longues poires d'or effilées décoraient ses oreilles. Sur le col de madame de M..... scintillait une superbe croix de diamans.

— Voilà qui est drôle ! dis-je à un personnage qui n'avait encore ni lu dans le grand livre du monde, ni déchiffré un seul cœur de femme. Ce personnage était moi-même. Si j'eus alors le désir de faire danser ces deux jolies femmes, ce fut uniquement parce que j'aperçus un secret de conversation qui enhardissait ma timidité.

—Eh bien ! Madame, vous avez eu votre croix ?... dis-je à la première.

—Mais je l'ai bien gagnée !... répondit-elle, avec un indéfinissable sourire.

—Comment, pas de girandoles ?... demandai-je à la femme de mon ami.

— Ah ! dit-elle, j'en ai joui pendant tout un déjeuner ! Mais, vous voyez, j'ai fini par convertir Alexandre...

— Il se sera facilement laissé séduire ?

Elle me regarda d'un air de triomphe.

C'est huit ans après, que, tout à coup, cette scène, jusques là muette pour moi, s'est comme levée dans mon souvenir ; et, à la lueur des bougies, au feu des aigrettes, j'en ai lu distinctement la moralité.

Oui ! la femme a horreur de la conviction. Quand on la persuade, elle subit une séduction et reste dans le rôle que la nature lui assigne. Pour elle, se laisser gagner, c'est accorder une faveur. Les raisonnemens exacts l'irritent et la tuent. Pour la diriger, il faut donc savoir se servir de la puissance dont elle use si souvent : la sensibilité. C'est donc en sa femme, et non pas en lui-même, qu'un mari trouvera les élémens de son despotisme : comme le diamant, il faut l'opposer à elle-même. Savoir offrir les girandoles pour se les faire rendre, est un secret qui s'applique aux moindres détails de la vie.

Passons maintenant à la seconde observation.

Qui sait administrer un toman, sait en administrer cent mille, a dit un proverbe indien ; et moi, j'amplifie la sagesse asiatique, en disant : Qui peut gouverner une femme, peut gouverner une nation. Il existe, en effet, beaucoup d'analogie entre ces deux gouvernemens. La politique des maris ne doit-elle pas être à peu près celle des rois ; ne les voyons-nous pas tâcher d'amuser le peuple pour lui dérober sa liberté ; lui jeter des comestibles à la tête, pendant une journée, pour lui faire oublier la misère d'un an ; lui prêcher de ne pas voler, tandis qu'on le dépouille ; et lui dire : « Il me semble que si j'étais peuple, je serais vertueux ? »

C'est l'Angleterre qui va nous fournir *le précédent* que les maris doivent importer dans leurs ménages. Ceux qui ont des yeux ont dû voir que, du moment où la *gouvernementabi-*

lité, s'est perfectionnée en ce pays, les Whigs n'ont obtenu que très-rarement le pouvoir. Un long ministère tory a toujours succédé à un éphémère cabinet libéral. Les orateurs du parti national ressemble à des rats qui usent leurs dents à ronger un panneau pourri dont on bouche le trou au moment où ils sentent les noix et le lard serrés dans la royale armoire. La femme est le Whig de votre gouvernement. Dans la situation où nous l'avons laissée, elle doit naturellement aspirer à la conquête de plus d'un privilège. Fermez les yeux sur ses brigues, permettez-lui de dissiper sa force à gravir la moitié des degrés de votre trône : et quand elle pense toucher au sceptre, renversez-là, par terre, tout doucement et avec infiniment de grâce en lui criant : Bravo ! et en lui permettant d'espérer un prochain triomphe. Les malices de ce système devront corroborer l'emploi de tous les moyens qu'il vous plaira de choisir dans notre arsenal pour dompter votre femme.

Tels sont les principes généraux dont il faut qu'un mari soit imbu, s'il ne veut pas commettre des fautes dans son petit royaume.

Maintenant, malgré la minorité du concile de Mâcon (1), nous distinguerons dans la femme une âme et un corps, et nous commencerons par examiner les moyens de se rendre maître de son moral. L'action de la pensée est, quoi qu'on en dise, plus noble que celle du corps, et nous donnerons le pas à la Science sur la Cuisine, à l'Instruction sur l'Hygiène.

(1) Montesquieu, qui avait peut-être deviné le régime constitutionnel, a dit, je ne sais où, que le bon sens dans les assemblées était toujours du côté de la minorité.

MÉDITATION XI.

De l'Instruction en ménage.

Instruire ou non les femmes, telle est la question. De toutes celles que nous avons agitées, elle est la seule qui offre deux extrémités sans avoir de milieu. La science et l'ignorance, voilà les deux termes irréconciliables de ce problème. Entre ces deux abîmes, il nous semble voir

Louis XVIII calculer les félicités du treizième siècle et les malheurs du dix-neuvième. Assis au centre de la bascule qu'il savait si bien faire pencher par son propre poids, il contemple à l'un des bouts la fanatique ignorance d'un frère-lai, l'apathie d'un serf, le fer étincelant des chevaux d'un banneret, il croit entendre : France et Montjoie-Saint-Denis !..; mais il se retourne : il sourit en voyant la morgue d'un manufacturier, capitaine dans la garde nationale; l'élégant coupé de l'agent de change ; la simplicité du costume d'un pair de France devenu journaliste, et mettant son fils à l'École Polytechnique ; puis les étoffes précieuses, les journaux, les machines à vapeur, et il boit enfin son café dans une tasse de Sèvres, au fond de laquelle brille encore un N couronné.

Arrière la civilisation ! arrière la pensée !... voilà votre cri. Vous devez avoir horreur de l'instruction chez les femmes, par cette raison, si bien sentie en Espagne, qu'il est plus facile de gouverner un peuple d'idiots qu'un peuple de savans. Une nation abrutie est heureuse : si elle n'a pas le sentiment de la liberté, elle n'en a ni les inquiétudes ni les orages; elle vit comme vivent les polypiers ; comme eux, elle peut se scinder en deux ou trois fragmens ; chaque fragmens est toujours une nation complète et végétante, propre à être gouvernée par le premier aveugle armé du bâton pastoral. Qui produit cette merveille humaine? L'ignorance : c'est par elle seule que se maintient le despotisme ; il lui faut des ténèbres et le silence. Or, le bonheur en ménage est, comme en politique, un bonheur négatif. L'affection des peuples, pour le roi d'une monarchie absolue, est peut-être moins contre nature que la fidélité de la femme envers son mari, quand il n'existe plus d'amour entre eux : or nous savons que chez vous l'amour pose en ce moment un pied sur l'appui de la fenêtre. Force vous est donc de mettre en pratique les rigueurs salutaires, par lesquelles M. de Metternich prolonge son *statu quo* ; mais nous vous conseillerons de les appliquer avec plus de finesse et plus d'aménité encore; car votre femme est plus rusée que tous les Allemands ensemble, et aussi voluptueuse que les Italiens.

Alors vous essayerez de reculer, le plus long-temps possible, le fatal moment où votre femme vous demandera un livre. Cela vous sera facile. Vous prononcerez d'abord avec dédain le nom de *bas bleu* ; et, sur sa demande, vous lui expliquerez le ridicule qui s'attache, chez nos voisins, aux femmes pédantes.

Puis, vous lui répéterez souvent que les femmes les plus aimables et les plus spirituelles du monde se trouvent à Paris, où les femmes ne lisent jamais ;

Que les femmes sont comme les gens de qualité, qui, selon Mascarille, savent tout sans avoir rien appris ;

Qu'une femme, soit en dansant, soit en jouant, et sans même avoir l'air d'écouter, doit savoir saisir dans les discours des hommes à talent les phrases toutes faites dont les sots composent leur esprit à Paris ;

Que dans ce pays l'on se passe de main en main les jugemens décisifs sur les hommes et sur les choses ; et que le petit ton tranchant avec lequel une femme critique un auteur, démolit un ouvrage, dédaigne un tableau, a plus de puissance qu'un arrêt de la cour ;

Que les femmes sont de beaux miroirs qui

reflètent naturellement les idées les plus brillantes ;

Que l'esprit naturel est tout, et que l'on est bien plus instruit de ce que l'on apprend dans le monde, que de ce qu'on lit dans les livres ;

Qu'enfin la lecture finit par ternir les yeux, etc.

Laisser une femme libre de lire les livres que la nature de son esprit la porte à choisir ?.... Mais c'est introduire l'étincelle dans une sainte-barbe ; c'est pis que cela : c'est apprendre à votre femme à se passer de vous, à vivre dans un monde imaginaire, dans un paradis. Car que lisent les femmes ? Des ouvrages passionnés, les Confessions de Jean-Jacques, des romans, et toutes ces compositions qui agissent le plus puissamment sur leur sensibilité. Elles n'aiment ni la raison ni les fruits mûrs. Or, avez-vous jamais songé aux phénomènes produits par ces poétiques lectures ?

Les romans, et même tous les livres, peignent les sentimens et les choses avec des couleurs bien autrement brillantes que celles qui sont offertes par la nature ! Cette espèce de fascination provient moins du désir que chaque auteur a de

se montrer parfait en affectant des idées délicates et recherchées, que d'un indéfinissable
travail de notre intelligence. Il est dans la destinée de l'homme d'épurer tout ce qu'il emporte
dans le trésor de sa pensée. Quelles figures,
quels monumens ne sont pas embellis par le des-
sin ? L'âme du lecteur aide à cette conspiration
contre le vrai, soit par le silence profond dont il
jouit ou par le feu de la conception, soit par la
pureté avec laquelle les images se réfléchissent
dans son entendement. Qui n'a pas, en lisant
les Confessions de Jean-Jacques, vu madame
de Warens plus jolie qu'elle n'était ? On dirait
que notre âme caresse des formes qu'elle aurait jadis entrevues sous de plus beaux cieux ;
elle n'accepte les créations d'une autre âme
que comme des ailes pour s'élancer dans l'espace ; le trait le plus délicat, elle le perfec-
tionne encore en se le faisant propre ; et l'expression la plus poétique dans ses images lui
apporte des images encore plus pures. Lire,
c'est créer peut-être à deux. Ces mystères de la
transsubstantiation des idées sont-ils l'instinct
d'une vocation plus haute que nos destinées
présentes ? Est-ce la tradition d'une ancienne

vie perdue? Qu'était-elle donc si le reste nous offre tant de délices!...

Aussi, en lisant des drames et des romans, la femme, créature encore plus susceptible que nous de s'exalter, doit éprouver d'enivrantes extases. Elle se crée une existence idéale auprès de laquelle tout pâlit; elle ne tarde pas à tenter de réaliser cette vie voluptueuse; à essayer d'en transporter la magie en elle. Involontairement, elle passe de l'esprit à la lettre, et de l'âme aux sens.

Et vous auriez la bonhomie de croire que les manières, les sentimens d'un homme comme vous, qui, la plupart du temps s'habille, se déshabille, etc., devant sa femme, lutteront avec avantage devant les sentimens de ces livres, et en présence de leurs amans factices, à la toilette desquels cette belle lectrice ne voit ni trous ni taches?... Pauvre sot, trop tard, hélas! pour son malheur et le vôtre, votre femme expérimenterait que *les héros* de la poésie sont aussi rares que les *Apollons* de la sculpture!...

Bien des maris se trouveront embarrassés pour empêcher leurs femmes de lire; il y en

a même certains qui prétendront que la lecture a cet avantage qu'ils savent au moins ce que
font les leurs quand elles lisent. D'abord, vous
verrez dans la Méditation suivante, combien la
vie sédentaire rend une femme belliqueuse ;
mais n'avez-vous donc jamais rencontré de ces
êtres sans poésie, qui réussissent à pétrifier
leurs pauvres compagnes, en réduisant la vie
à tout ce qu'elle a de mécanique. Étudiez ces
grands hommes en leurs discours ! apprenez par
cœur les admirables raisonnemens par lesquels ils condamnent la poésie et les plaisirs de
l'imagination.

Mais si après tous vos efforts votre femme
persistait à vouloir lire... Mettez à l'instant même
à sa disposition tous les livres possibles, depuis
l'Abécédaire de son marmot jusqu'à Réné, livre
plus dangereux pour vous entre ses mains que
Thérèse philosophe. Vous pourriez la jeter
dans un dégoût mortel de la lecture, en lui
donnant des livres ennuyeux ; la plonger dans
un idiotisme complet, avec *Marie Alacoque,
la Brosse de pénitence*, ou avec les chansons
qui étaient de mode au temps de Louis XV ;
mais plus tard vous trouverez dans ce livre les

moyens de si bien consumer le temps de votre femme, que toute espèce de lecture lui sera interdite.

Et, d'abord, voyez les ressources immenses que vous a préparées l'éducation des femmes, pour détourner la vôtre de son goût passager pour la science? Examinez avec quelle admirable stupidité les filles se sont prêtées aux résultats de l'enseignement qu'on leur a imposé en France.

Nous les livrons à des bonnes, à des demoiselles de compagnie, à des gouvernantes qui ont vingt mensonges de coquetterie et de fausse pudeur à leur apprendre contre une idée noble et vraie à leur inculquer. Elles sont élevées en esclaves et s'habituent à l'idée qu'elles sont au monde pour imiter leurs grand'-mères, et faire couver des serins de Canarie, composer des herbiers, arroser de petits rosiers de Bengale, remplir de la tapisserie ou se monter des cols. Aussi, à dix ans, si une petite fille a eu plus de finesse qu'un garçon; à vingt, elle est timide, gauche, elle aura peur d'une araignée, dira des riens, pensera aux chiffons, parlera modes, et n'aura le courage d'être ni mère, ni chaste épouse.

Voici quelle marche on a suivie : on leur a montré à colorier des roses, à broder des fichus de manière à gagner huit sous par jour. Elles auront appris l'histoire de France dans Le-Ragois, la chronologie dans les *tables du citoyen Chantereau*, et l'on aura laissé leur jeune imagination se déchaîner sur la géographie ; le tout, dans le but de ne rien présenter de dangereux à leur cœur ; mais en même temps leurs mères, leurs institutrices, répétaient d'une voix infatigable que toute la science d'une femme est dans la manière dont elle sait arranger cette feuille de figuier que prit notre mère Ève. Elles n'ont entendu pendant quinze ans, disait Diderot, rien autre chose que : — Ma fille, votre feuille de figuier va mal ; ma fille, votre feuille de figuier va bien ; ma fille, ne serait-elle pas mieux ainsi ?

Maintenez donc votre épouse dans cette belle et noble sphère de connaissances. Si par hasard votre femme voulait une bibliothèque, achetez-lui Florian, Malte-Brun, le Cabinet des Fées, les Mille et une Nuits, les Roses par Redouté, les Usages de la Chine, les Pigeons par madame Knip, le grand ouvrage sur l'Egypte, etc. Enfin, exécutez le spirituel avis de cette princesse qui, au récit d'une émeute occasionée par la cherté du pain, disait : « Que » ne mangent-ils de la brioche !... »

Peut-être votre femme vous reprochera-t-elle, un soir, d'être maussade et de ne pas parler ; peut-être vous dira-t-elle que vous êtes gentil, quand vous aurez fait un calembourg ; mais ceci est un inconvénient très-léger de notre système : et, au surplus, que l'éducation des femmes soit en France la plus plaisante des absurdités et que votre obscurantisme marital vous mette une poupée entre les bras, que vous importe ! Comme vous n'avez pas assez de courage pour entreprendre une plus belle tâche, ne vaut-il pas mieux traîner votre femme dans une ornière conjugale bien sûre, que de vous hasarder à lui faire gravir les hardis précipices de l'amour ? Elle aura beau être mère, vous ne tenez pas précisément à avoir des Gracchus pour enfans, mais à être réellement *pater quem nuptiæ demonstrant* : or, pour vous aider à y parvenir, nous devons faire de ce livre un arsenal où chacun, suivant le caractère de sa femme ou le sien, puisse choisir l'armure convenable pour combattre le terrible génie du mal toujours prêt à s'éveiller dans l'âme d'une épouse ; et, tout bien considéré, comme les ignorans sont les plus cruels ennemis de l'instruction des femmes, cette Méditation sera un bréviaire pour la plupart des maris.

Une femme qui a reçu une éducation d'homme, possède, à la vérité, les facultés les plus brillantes et les plus fécondes en bonheur pour elle et pour son mari ; mais cette femme est rare comme le bonheur même ; or, vous devez, si vous ne la possédez pas pour épouse, maintenir la vôtre, au nom de votre félicité commune, dans la région d'idées où elle est née, car il faut songer aussi qu'un moment d'orgueil chez elle peut vous perdre, en mettant sur le trône un esclave qui sera d'abord tenté d'abuser du pouvoir

Après tout, en suivant le système prescrit par cette Méditation, un homme supérieur en sera quitte pour mettre ses pensées en petite monnaie lorsqu'il voudra être compris de sa femme ; si, toutefois, cet homme supérieur a fait la sottise d'épouser une de ces pauvres créatures, au lieu de se marier à une jeune fille dont il aurait éprouvé long-temps l'âme et le cœur.

Par cette dernière observation matrimoniale, notre but n'est pas de prescrire à tous les *hommes supérieurs* de chercher des *femmes supérieures,* et nous ne voulons pas laisser chacun expliquer nos principes à la manière de madame de Staël, qui tenta grossièrement de s'unir à Napoléon. Ces deux êtres-là eussent été très-malheureux en ménage; et Joséphine était une épouse bien autrement accomplie que cette Virago du dix-neuvième siècle.

En effet, lorsque nous vantons *ces filles introuvables,* si heureusement élevées par le hasard, si bien conformées par la nature, et dont l'âme délicate supporte le rude contact de la grande âme de ce que nous appelons *un homme,* nous entendons parler de ces nobles et rares créatures dont Goëthe a donné un modèle dans la Claire du Comte d'Egmont: nous pensons à une femme qui ne recherche d'autre gloire, que celle de bien rendre son rôle; se pliant avec une étonnante souplesse aux plaisirs et aux volontés de ceux que la nature leur a donnés pour maîtres ; s'élèvant tour-à-tour dans les immenses sphères de leur pensée, et s'abaissant à la simple tâche de les amuser comme des enfans, comprenant et les bizarreries de ces âmes si fortement tourmentées, et les moindres paroles et les regards les plus vagues ; heureuses du silence, heureuses de la diffusion ; devinant enfin que les plaisirs, les idées et la morale d'un lord Byron, ne doivent pas être ceux d'un bonnetier. Mais arrêtons-nous, cette peinture nous entraînerait trop loin de notre sujet : il s'agit de mariage et non pas d'amour.

Puissent ces lignes flatteuses compenser les dures vérités dont tant de femmelettes se trouveront choquées.

MÉDITATION XII.

Hygiène du Mariage.

CETTE Méditation a pour but de soumettre à votre attention un nouveau mode de défense par lequel vous dompterez sous une prostration invincible la volonté de votre femme. Il s'agit de la réaction produite sur le moral par les vicissitudes physiques et par les savantes dégradations d'une diète habilement dirigée.

Cette grande et philosophique question de médecine conjugale sourira sans doute à tous ces goutteux, ces impotens, ces catharreux, et à cette légion de vieillards dont nous avons réveillé l'apathie à l'article des Prédestinés; mais elle concernera principalement les maris assez audacieux pour entrer dans les voies d'un machiavélisme digne de ce grand roi de France qui tenta d'assurer le bonheur de la nation aux dépens de quelques têtes féodales. Ici, la question est la même : c'est toujours l'amputation ou l'affaiblissement de quelques membres pour le plus grand bonheur de la masse.

Croyez-vous sérieusement qu'un célibataire soumis au régime de l'herbe *hanea*, des concombres, du pourpier et des applications de sangsues aux oreilles, recommandé par Sterne, serait bien propre à battre en brèche l'honneur de votre femme?

Supposez un diplomate qui aurait eu le talent de fixer sur le crâne de Napoléon un cataplasme permanent de graine de lin, ou de lui faire ad-

ministrer tous les matins un clystère au miel,
croyez-vous que Napoléon, Napoléon-le-grand,
aurait conquis l'Italie?

Napoléon a-t-il été en proie ou non aux
horribles souffrances d'une dysurie pendant la
campagne de Russie?... Voilà une de ces questions dont la solution a pesé sur le globe entier.

N'est-il pas certain que des réfrigérans, des
douches, des bains, etc., produisent de grands
changemens dans les affections plus ou moins
aiguës du cerveau?

Au milieu des chaleurs du mois de juillet,
lorsque chacun de vos pores filtre lentement
et restitue à une dévorante atmosphère les li-
monades à la glace que vous avez bues d'un
seul coup, vous êtes-vous jamais senti ce foyer
de courage, cette vigueur de pensée, cette
énergie complète, qui vous rendaient l'existence
légère et douce quelques mois auparavant.

Non, non, le fer le mieux scellé dans la
pierre la plus dure, soulèvera et disjoindra
toujours le monument le plus durable par
suite de l'influence secrète qu'exercent les
lentes et invisibles dégradations du chaud et de

froid dont l'atmosphère est tourmentée. En principe, reconnaissons donc que si le climat influe sur l'homme, l'homme doit à plus forte raison influer à son tour sur l'imagination de ses semblables, par le plus ou le moins de vigueur et de puissance avec laquelle il projette sa *Volonté*.

Là, est le principe du talent de l'acteur, celui de la poésie et du fanatisme, car l'une est l'éloquence des paroles comme l'autre l'éloquence des actions; là enfin, est le principe d'une science en ce moment au berceau.

Cette *Volonté* si puissante d'homme à homme, cette force nerveuse et fluide, éminemment mobile et transmissible, est elle-même soumise à l'état changeant de notre organisation, et bien des circonstances font varier ce fragile organisme. Là, s'arrêtera notre observation métaphysique, et là nous rentrerons dans l'analyse des circonstances qui élaborent la volonté de l'homme et la portent au plus haut degré de force ou d'affaissement.

Maintenant ne croyez pas que notre but soit de vous engager à mettre des cataplasmes sur l'honneur de votre femme, de la renfermer dans

une étuve ou de la sceller comme une lettre ;
non. Nous ne tenterons pas même de vous
développer le système magnétique qui vous
donnerait le pouvoir de faire triompher votre
volonté dans l'âme de votre femme : il n'est pas
un mari qui acceptât le bonheur d'un éternel
amour au prix de cette tension perpétuelle
des forces animales ; mais nous essayerons de
développer un système hygiénique formidable,
au moyen duquel vous pourrez éteindre le feu
quand il aura pris à la cheminée.

Il existe en effet, parmi les habitudes des petites-maîtresses de Paris et des départemens
(les petites-maîtresses forment une classe très-
distinguée parmi les femmes honnêtes) assez de
ressource pour atteindre à notre but, sans aller
chercher dans l'arsenal de la thérapeutique les
quatre semences froides, le nénuphar et mille
inventions dignes des sorcières. Nous laisserons même à Élien son herbe hanéa et à Sterne
son pourpier et ses concombres, qui annoncent
des intentions évidemment antiphlogistiques.

Vous laisserez votre femme s'étendre et demeurer des journées entières sur ces moelleu-
ses bergères où l'on s'enfonce à mi-corps dans

un véritable bain d'édredons et des plumes du Nord.

Vous favoriserez par tous les moyens, qui ne blesseront pas votre conscience, cette propension des femmes à ne respirer que l'air parfumé d'une chambre rarement ouverte, et où le jour perce à grand'peine de voluptueuses et diaphanes mousselines.

Vous obtiendrez des effets merveilleux de ce système, mais après avoir préalablement subi les éclats de son exaltation ; mais si vous êtes assez fort pour supporter cette tension momentanée de votre femme, vous verrez bientôt s'abolir sa vigueur factice. En général les femmes aiment à vivre vite ; mais après leurs tempêtes de sensations, viennent des calmes rassurans pour le bonheur d'un mari.

Jean-Jacques, par l'organe enchanteur de Julie, ne prouvera-t-il pas à votre femme, qu'elle aura une grâce infinie à ne pas déshonorer son estomac délicat et sa bouche divine, en faisant du chyle avec d'ignobles pièces de bœuf, et d'énormes éclanches de mouton ? Est-il rien au monde de plus pur que ces intéressans légumes, toujours frais et inodores, ces fruits colorés, ce café, ce chocolat parfumés, ces oranges, pommes d'or d'Atalante, les dattes de l'Arabie, les biscottes de Bruxelles, nourriture saine et gracieuse qui arrive à des résultats satisfaisans en même temps qu'elle donne à une femme je ne sais quelle originalité mystérieuse. Elle arrive à une petite célébrité de coterie par son régime, comme par une toilette, par une belle action ou par un bon mot. Pythagore doit être sa passion, comme si Pythagore était un caniche ou un sapajou.

Ne commettez jamais l'imprudence de certains hommes qui, pour se donner un vernis d'esprit fort, combattent cette croyance féminine : *que l'on conserve sa taille en mangeant peu.* Les femmes à la diète n'engraissent pas, cela est clair et positif; vous ne sortirez pas de là.

Vantez l'art avec lequel des femmes renommées par leur beauté ont su la conserver en se baignant, plusieurs fois par jour, dans du lait, ou des eaux composées de substances propres à rendre la peau plus douce, en débilitant le système nerveux.

Recommandez-lui surtout, au nom de sa

santé si précieuse pour vous, de s'abstenir de lotions d'eau froide? que toujours l'eau chaude ou tiède soit l'ingrédient fondamental de toute espèce d'ablution.

Broussais sera votre idole. A la moindre indisposition de votre femme, et sous le plus léger prétexte, pratiquez de fortes applications de sangsues; ne craignez même pas de vous en appliquer vous-même quelques douzaines de temps à autre, pour faire prédominer chez vous le système de ce célèbre docteur. Votre état de mari vous oblige à toujours trouver votre femme trop rouge; essayez même quelquefois de lui attirer le sang à la tête, pour avoir le droit d'introduire, dans certains momens, une escouade de sangsues au logis.

Votre femme boira de l'eau légèrement colorée d'un vin de Bourgogne agréable au goût, mais sans vertu tonique; tout autre vin serait mauvais.

Ne souffrez jamais qu'elle prenne l'eau pure pour boisson, vous seriez perdu.

« Impétueux fluide! au moment que tu
» presses contre les écluses du cerveau, vois
» comme elles cèdent à ta puissance!

» La curiosité paraît à la nage, faisant signe
» à ses compagnes de la suivre : elles plongent
» au milieu du courant.

» L'imagination s'assied en rêvant sur la
» rive. Elle suit le torrent des yeux, et change
» les brins de paille et de jonc en mâts de mi-
» saine et de beaupré. A peine la métamor-
» phose est-elle faite, que le désir, tenant
» d'une main sa robe retroussée jusqu'au ge-
» nou, survient, les voit et s'en empare.

» O vous, buveurs d'eau ! est-ce donc par
» le secours de cette source enchanteresse,
» que vous avez tant de fois tourné et retourné
» le monde à votre gré ? Foulant aux pieds
» l'impuissant, écrasant son visage, et chan-
» geant même quelquefois la forme et l'aspect
» de la nature ? »

Si par ce système d'inaction, joint à notre
système alimentaire, vous n'obteniez pas des
résultats satisfaisans, jetez-vous à corps perdu
dans un autre système que nous allons développer.

L'homme a une somme donnée d'énergie.
Tel homme ou telle femme est à tel autre, comme
dix est à trente, comme un à cinq, et il

est un degré que chacun de nous ne dépasse pas. La quantité d'énergie ou de volonté, que chacun de nous possède, se déploie comme le son : elle est tantôt faible, tantôt forte ; elle se modifie selon les octaves qu'il lui est permis de parcourir. Cette force est unique, et bien qu'elle se résolve en désirs, en passions, en labeurs d'intelligence ou en travaux corporels, elle accourt là où l'homme l'appelle. Un boxeur la dépense en coups de poing, le boulanger à pétrir son pain, le poète dans une exaltation qui en absorbe et en demande une énorme quantité, le danseur la fait passer dans ses pieds ; enfin, chacun la distribue à sa fantaisie, et que je voie ce soir le Minotaure assis tranquillement sur mon lit, si vous ne savez pas comme moi où il s'en dépense le plus. Presque tous les hommes consument en des travaux nécessaires ou dans les angoisses de passions funestes, cette belle somme d'énergie et de volonté dont la nature leur a fait présent ; mais nos femmes honnêtes sont toutes en proie aux caprices et aux luttes de cette puissance qui ne sait où se prendre.

Alors, si leur énergie n'a pas succombé sous

le régime diététique, jetez-les dans un mouvement toujours croissant. Trouvez les moyens de faire passer la somme de force, dont vous êtes gêné, dans une occupation qui la consomme entièrement. Sans attacher votre femme à la manivelle d'une manufacture, il y a mille moyens de la lasser sous le fléau d'un travail constant.

Tout en vous abandonnant les moyens d'exécution, lesquels changent selon bien des circonstances, nous vous indiquerons la danse comme un des plus beaux gouffres où s'ensevelissent les amours. Cette matière ayant été assez bien traitée par un contemporain, nous le laisserons parler.

« Telle pauvre victime qu'admire un cercle
» enchanté paye bien cher ses succès. Quel
» fruit faut-il attendre d'efforts aussi peu pro-
» portionnés aux moyens d'un sexe délicat?
» Les muscles fatigués sans discrétion, con-
» somment sans mesure. Les esprits, destinés
» à nourrir le feu des passions et le travail du
» cerveau, sont détournés de leur route. L'ab-
» sence des désirs, le goût du repos, le choix
» exclusif d'alimens substantiels, tout indique

» une nature appauvrie, plus avide de répa-
» rer que de jouir. Aussi un indigène des cou-
» lisses me disait un jour : — « Qui a vécu avec
» des danseuses, a vécu de mouton ; car leur
» épuisement ne peut se passer de cette nour-
» riture énergique. » Croyez-moi donc, l'amour
» qu'une danseuse inspire est bien trompeur :
» on rencontre avec dépit, sous un printemps
» factice, un sol froid et avare, et des sens
» incombustibles. Les médecins calabrois or-
» donnent la danse pour remède aux passions
» hystériques qui sont communes parmi les
» femmes de leur pays, et les Arabes usent à
» peu près de la même recette pour les nobles
» cavales dont le tempérament trop lascif em-
» pêche la fécondité. « Bête comme un dan-
» seur, » est un proverbe connu au théâtre.
» Enfin, les meilleures têtes de l'Europe sont
» convaincues que toute danse porte en soi une
» qualité éminemment réfrigérante.

» En preuve à tout ceci, il est nécessaire
» d'ajouter d'autres observations. « La vie des
» pasteurs donna naissance aux amours déré-
» glées. Les mœurs des tisserandes furent hor-
» riblement décriées dans la Grèce. Les Ita-

» liens ont consacré un proverbe à la lubricité
» des boiteuses. Les Espagnols dont les veines
» reçurent par tant de mélanges l'incontinence
» africaine, déposèrent le secret de leurs désirs
» dans cette maxime qui leur est familière :
» *Muger y gallina pièrna quebrantada*, il est
» bon que la femme et la poule aient une
» jambe rompue. La profondeur des Orien-
» taux dans l'art des voluptés se décèle tout
» entière par cette ordonnance du kalife Ha-
» kim, fondateur des Druses, qui défendit,
» sous peine de mort, de fabriquer dans ses
» états aucune chaussure de femme. Il semble
» que sur tout le globle les tempêtes du cœur
» attendent, pour éclater, le repos des jam-
» bes ! »

Quelle admirable manœuvre que de faire
danser une femme et de ne la nourrir que de
viandes blanches !...

Ne croyez pas que ces observations aussi
vraies, que spirituellement rendues, contrarient notre système précédent ; par celui-ci
comme par celui-là vous arriverez à produire
chez une femme cette atonie tant désirée, gage
de repos et de tranquillité. Par le dernier vous

laissez une porte ouverte, pour que l'ennemi s'enfuie, par l'autre vous le tuez.

Là, il nous semble entendre des gens timorés et à vues étroites, s'élever contre notre hygiène au nom de la morale et des sentimens.

La femme n'est-elle donc pas douée d'une âme? N'a-t-elle pas comme nous des sensations? De quel droit, au mépris de ses douleurs, de ses idées, de ses besoins, la travaille-t-on comme un vil métal dont l'ouvrier fait un éteignoir ou un flambeau? Serait-ce parce que ces pauvres créatures sont déjà faibles et malheureuses, qu'un brutal s'arrogerait le pouvoir de les tourmenter exclusivement au profit de ses idées plus ou moins justes? Et si par votre système débilitant ou échauffant qui alonge, ramollit, pétrit les fibres, vous causiez d'affreuses et cruelles maladies, si vous conduisiez au tombeau une femme qui vous est chère, si, si, etc.

Voici notre réponse :

Avez-vous jamais compté combien de formes diverses Arlequin et Pierrot donnent à leur petit chapeau blanc? Ils le tournent et retournent si bien, que successivement ils en font une toupie, un bateau, un verre à boire, une demi-lune, un berret, une corbeille, un poisson, un fouet, un poignard, un enfant, une tête d'homme, etc.

Image exacte du despotisme avec lequel vous devez manier et remanier votre femme.

La femme est une propriété que l'on acquiert par contrat : elle est mobilière ; car la possession vaut titre ; enfin, la femme n'est, à proprement parler, qu'un annexe de l'homme ; or, tranchez, coupez, rognez ! elle vous appartient à tous les titres. Ne vous inquiétez en rien de ses murmures, de ses cris, de ses douleurs ; la nature l'a faite à notre usage et pour tout porter : enfans, chagrins, coups et peines de l'homme.

Ne vous accusez pas de dureté. Dans tous les codes des nations soi-disant civilisées, l'homme a écrit les lois qui règlent le destin des femmes sous cette épigraphe sanglante : *Væ victis !* Malheur aux faibles.

Enfin, songez à cette dernière observation, la plus prépondérante peut-être de toutes celles que nous avons faites jusqu'ici : si ce

n'est pas vous, mari, qui brisez sous le fléau
de votre volonté ce faible et charmant roseau,
ce sera, joug plus atroce encore, un célibataire capricieux et despote; elle supportera
deux fléaux au lieu d'un. Tout compensé, l'hu-
manité vous engagera donc à suivre les principes de notre hygiène.

MÉDITATION XIII.

Des Moyens personnels.

Peut-être les Méditations précédentes au-
ront-elles plutôt développé des systèmes généraux de conduite, qu'elles n'auront présenté les
moyens de repousser la force par la force. Ce
sont des pharmacopées et non pas des topi-
ques. Or, voici maintenant les moyens person-

nels que la nature vous a mis entre les mains, pour vous défendre; car la Providence n'a oublié personne : si elle a donné à la Seppia (poisson de l'Adriatique) cette couleur noire qui lui sert à produire un nuage au sein duquel elle se dérobe à son ennemi, vous devez bien penser qu'elle n'a pas laissé un mari sans épée : or, le moment est venu de tirer la vôtre.

Vous avez dû exiger, en vous mariant, que votre femme nourrît ses enfans : alors, jetez-la dans les embarras et les soins d'une grossesse ou d'une nourriture, vous reculerez ainsi le danger au moins d'un an ou deux. Une femme occupée à mettre au monde et à nourrir un marmot, n'a réellement pas le temps de songer à un amant; outre qu'elle est, avant et après sa couche, hors d'état de se présenter dans le monde. En effet, comment la plus immodeste des femmes distinguées, dont il est question dans cet ouvrage, oserait-elle se montrer enceinte, et promener ce fruit caché, son accusateur public ? O lord Byron, toi qui ne voulais pas voir les femmes à table !....

Six mois après son accouchement, et quand l'enfant a bien tété, à peine une femme commence-t-elle à pouvoir jouir de sa fraîcheur et de sa liberté.

Si votre femme n'a pas nourri son premier enfant, vous avez trop d'esprit pour ne pas tirer parti de cette circonstance et lui faire désirer de nourrir celui qu'elle porte. Vous lui lisez l'Émile de Jean-Jacques, vous enflammez son imagination pour les devoirs des mères, vous exaltez son moral, etc. ; enfin, vous êtes un sot ou un homme d'esprit ; et , dans le premier cas même, en lisant cet ouvrage, vous seriez toujours minotaurisé ; dans le second, vous devez comprendre à demi-mot.

Ce premier moyen vous est virtuellement personnel. Il vous donnera bien du champ devant vous pour mettre à exécution les autres moyens.

Depuis qu'Alcibiade coupa les oreilles et la queue à son chien, pour rendre service à Périclès qui avait, sur les bras, une espèce de guerre d'Espagne et des fournitures Ouvrard, dont les Athéniens étaient alors trop occupés, il n'existe pas de ministre qui n'ait cherché à couper les oreilles à quelque chien.

Enfin, en médecine, lorsqu'une inflammation se déclare sur un point capital de l'organisation, on opère une petite contre-révolution sur un autre point, par des moxas, des scarifications, des acupunctures, etc.

Un autre moyen consiste donc à poser à votre femme un moxa, ou à lui fourrer dans l'esprit quelque aiguille qui la pique fortement et fasse diversion en votre faveur.

Un homme de beaucoup d'esprit avait fait durer sa lune de Miel environ quatre années; la Lune décroissait et il commençait à apercevoir l'arc fatal. Sa femme était précisément dans l'état où nous avons représenté toute femme honnête à la fin de notre première partie : elle avait *pris du goût* pour un assez mauvais sujet, petit, laid, mais enfin, ce n'était pas son mari. Dans cette conjoncture, ce dernier s'avisa d'une coupe de queue de chien qui renouvela, pour plusieurs années, le bail fragile de son bonheur.

Sa femme s'était conduite avec tant de finesse, qu'il eût été fort embarrassé de défendre sa porte à l'amant avec lequel elle s'était trouvé un rapport de parenté trés-éloignée.

Le danger devenait de jour en jour plus imminent; odeur de Minotaure se sentait à la
ronde. Un soir, le mari resta plongé dans un
chagrin profond, visible, affreux.

Sa femme en était déjà venue à lui montrer
plus d'amitié qu'elle n'en ressentait même
au temps de la Lune de Miel; et dès-lors,
questions sur questions : de sa part, silence
morne : les questions redoublent; il lui échappe
des réticences, elles annonçaient un grand
malheur !

Là, il avait appliqué un moxa japonais qui
brûlait comme un autodafé de 1600.

La femme employa d'abord mille manœu-
vres pour savoir si le chagrin de son mari
était causé par cet amant en herbe : première
intrigue, pour laquelle elle déploya mille
ruses.

Son imagination trottait... de l'amant? il
n'en était plus question : il fallait, avant tout,
découvrir le secret de son mari.

Un soir, le mari, poussé par l'envie de confier ses peines à une aussi tendre amie, lui déclare que toute leur fortune est perdue. Il
faut renoncer à l'équipage, à la loge aux Bouf-

fons, aux bals, aux fêtes, à Paris ; peut-être en s'exilant dans une terre pendant un an ou deux, pourront-ils tout recouvrer?

S'adressant à l'imagination de sa femme, à son cœur, il la plaignit de s'être attachée au sort d'un homme amoureux d'elle, il est vrai, mais sans fortune ; il s'arracha quelques cheveux, et force fut à sa femme de s'exalter au profit de l'honneur ; alors, dans le premier délire de cette fièvre conjugale, il la conduisit à sa terre.

Là, nouvelles scarifications, sinapismes sur sinapismes, nouvelles queues de chiens coupées : il lui fit bâtir une aile gothique au château, madame retourna dix fois le parc pour avoir des eaux, des lacs, des mouvemens de terrain, etc. ; enfin le mari, au milieu de cette besogne, n'oubliait pas la sienne : lectures curieuses, soins délicats, etc.

Notez qu'il ne s'avisa jamais d'avouer à sa femme cette ruse ; et si la fortune revint, ce fut précisément par suite de la construction des ailes et des sommes énormes dépensées à faire des rivières ; il lui prouva que le lac donnait une chute d'eau, sur laquelle vinrent des moulins.

Voilà un moxa conjugal bien entendu, car ce mari n'oublia ni de faire des enfans, ni d'inviter des voisins ennuyeux, bêtes, ou âgés; et, s'il venait l'hiver à Paris, il jetait sa femme dans un tel tourbillon de bals et de courses, qu'elle n'avait pas une minute à donner aux amans, fruits nécessaires d'une vie oisive.

Les voyages en Italie, en Suisse, en Grèce, les maladies subites qui exigent les eaux, et les eaux les plus éloignées, sont d'assez bons moxas. Enfin un homme d'esprit doit savoir en trouver mille pour un.

Continuons l'examen de vos moyens personnels.

Ici nous vous ferons observer que nous raisonnons d'après une hypothèse, sans laquelle vous laisseriez là le livre. A savoir : que votre Lune de Miel a duré un temps assez honnête, et que la demoiselle dont vous avez fait votre femme était vierge; au cas contraire, et d'après les mœurs françaises, votre femme ne vous aurait épousé que pour devenir inconséquente.

Alors, au moment où commence, dans votre ménage, la lutte entre la vertu et l'inconséquence, toute la question réside dans un parallèle perpétuel et involóntaire, que votre femme établit entre vous et son amant.

Là, il existe encore pour vous un moyen de défense, entièrement personnel, rarement employé par les maris, mais que des hommes supérieurs ne craignent pas d'essayer. Il consiste à l'emporter sur l'amant, sans que votre femme puisse soupçonner votre dessein. Vous devez l'amener à se dire avec dépit, un soir, pendant qu'elle met ses papillotes : « Mais mon mari » vaut mieux. »

Pour réussir, vous devez, ayant sur l'amant l'avantage immense de connaître le caractère de votre femme, et sachant comment on la blesse, vous devez, avec toute la finesse d'un diplomate, faire commettre des gaucheries à cet amant, en le rendant déplaisant par lui-même, sans qu'il s'en doute.

D'abord, selon l'usage, cet amant recherchera votre amitié, ou vous aurez des amis communs ; alors, soit par ses amis, soit par des insinuations adroitement perfides, vous le trompez sur des points essentiels ; et, avec un peu d'habileté, vous voyez votre femme éconduire sou

amant, sans que ni elle ni lui en puissent jamais
deviner la raison. Vous avez créé là, dans l'intérieur de votre ménage, une comédie en cinq actes, où vous jouez, à votre profit, les rôles si
brillans de Figaro ou d'Almaviva ; et, pendant
quelques mois, vous vous amusez d'autant
plus, que votre amour-propre, votre vanité,
votre intérêt, tout est vivement mis en jeu.

J'ai eu le bonheur de plaire dans ma jeunesse
à un vieil émigré qui me donna ces derniers
rudimens d'éducation que les jeunes gens re-
çoivent ordinairement des femmes. Cet ami,
dont la mémoire me sera toujours chère, m'apprit, par son exemple, à mettre en œuvre ces
stratagèmes diplomatiques qui demandent autant de finesse que de grâce.

Le comte de Nocé était revenu de Coblentz
du moment où il y eut pour les nobles du péril à être en France. Jamais créature n'eut autant de courage et de bonté, autant de ruse et
d'abandon. Agé d'une soixantaine d'années, il
venait d'épouser une demoiselle de vingt-cinq
ans, poussé à cet acte de folie par sa charité :
il arrachait cette pauvre fille au despotisme
d'une mère capricieuse.

-- Voulez-vous être ma veuve?... avait dit à mademoiselle de Pontivy cet aimable vieillard ; mais son âme était trop aimante pour ne pas s'attacher à sa femme, plus qu'un homme sage ne doit le faire. Comme pendant sa jeunesse il avait été manégé par quelques-unes des femmes les plus spirituelles de la cour de Louis XV, il ne désespérait pas trop de préserver la comtesse de tout encombre.

Quel homme ai-je jamais vu mettre mieux que lui en pratique tous les enseignemens que j'essaie de donner aux maris. Que de charmes ne savait-il pas répandre dans la vie par ses manières douces et sa conversation spirituelle. Sa femme ne sut qu'après sa mort et par moi qu'il avait la goutte. Ses lèvres distillaient l'aménité comme ses yeux respiraient l'amour. Il s'était prudemment retiré au sein d'une vallée, auprès d'un bois, et Dieu sait les promenades qu'il entreprenait avec sa femme !...

Son heureuse étoile voulut que mademoiselle de Pontivy eût un cœur excellent et possédât, à un haut degré, cette exquise délicatesse, cette pudeur de sensitive, qui embelliraient, je crois, la plus laide fille du monde.

Tout-à-coup, un de ses neveux, joli militaire échappé aux désastres de Moscou, revint chez l'oncle, autant pour savoir jusqu'à
quel point il avait à craindre des cousins, que
dans l'espoir de guerroyer avec la tante. Ses
cheveux noirs, ses moustaches, le babil avan-
tageux de l'état-major, une certaine *disinvol-
tura* aussi élégante que légère, des yeux vifs,
tout contrastait entre l'oncle et le neveu.

J'arrivai précisément au moment où la jeune
comtesse montrait le trictrac à son parent. Le
proverbe dit que les femmes n'apprennent ce
jeu que de leurs amans et réciproquement. Or,
pendant une partie, M. de Nocé avait surpris
le matin même entre sa femme et le vicomte
un de ces regards confusément empreints d'innocence, de peur et de désir.

Le soir, il nous proposa une partie de chasse
qui fut acceptée. Jamais je ne le vis si dispos
et si gai qu'il le parut le lendemain matin,
malgré les sommations de sa goutte qui lui
réservait une prochaine attaque. Le diable
n'aurait pas su mieux que lui mettre la baga-
telle sur le tapis. Il était ancien mousquetaire
gris, et avait connu Sophie Arnoult ; c'est tout

dire. La conversation devint bientôt la plus gaillarde du monde entre nous trois; Dieu m'en absolve!

—Je n'aurais jamais cru que mon oncle fût une aussi bonne lame! me dit le neveu.

Nous fîmes une halte, et quand nous fûmes tous trois assis sur la pelouse d'une des plus vertes clairières de la forêt, le comte nous avait amenés à discourir sur les femmes mieux que Brantôme et l'Aloysia.

— Vous êtes bien heureux sous ce gouvernement-ci, vous autres!... les femmes ont des mœurs! (Pour apprécier l'exclamation du vieillard, il faudrait avoir écouté les horreurs que le capitaine avait racontées.) Et, reprit le comte, c'est un des biens que la révolution a produits. Ce système donne aux passions bien plus de charme et de mystère. Autrefois, les femmes étaient faciles; eh bien! vous ne sauriez croire combien il fallait d'esprit et de verve pour réveiller ces tempéramens usés : nous étions toujours sur le quivive, mais aussi, un homme devenait célèbre par une gravelure bien dite ou par une heureuse insolence. Les femmes aiment cela, **et** ce sera toujours le plus sûr moyen de réussir auprès d'elles !...

Ces derniers mots furent dits avec un dépit concentré. Il s'arrêta et fit jouer le chien de son fusil comme pour déguiser une émotion profonde.

— Ah bah ! dit-il, mon temps est passé ! Il faut avoir l'imagination jeune.... et le corps aussi !... Ah ! pourquoi me suis-je marié ? Ce qu'il y a de plus perfide chez les filles élevées par des mères qui ont vécu à cette brillante époque de la galanterie, c'est qu'elles affichent un air de candeur, une pruderie... Il semble que le miel le plus doux offenserait leurs lèvres délicates, et ceux qui les connaissent savent qu'elles mangeraient des dragées de sel !

Il se leva, haussa son fusil par un mouvement de rage ; et, le lançant sur la terre, il en enfonça presque la crosse dans le gazon humide.

— Il paraît que la chère tante aime les fariboles !... me dit tout bas l'officier.

— Ou les dénouemens qui ne traînent pas ! ajoutai-je.

Le neveu tira sa cravate, rajusta son col et sauta comme une chèvre calabroise.

Nous rentrâmes sur les deux heures après-midi. Le comte m'emmena chez lui jusqu'au dîner sous prétexte de chercher quelques médailles dont il m'avait parlé pendant notre retour au logis. Le dîner fut sombre. La comtesse prodiguait à son neveu les rigueurs d'une politesse froide. Rentrés au salon, le comte dit à sa femme :

— Vous faites votre trictrac ?... nous allons vous laisser.

La jeune comtesse ne répondit pas. Elle regardait le feu et semblait n'avoir pas entendu.

Le mari s'avança de quelques pas vers la porte en m'invitant par un geste de main à le suivre. Au bruit de sa marche, sa femme retourna vivement la tête.

— Pourquoi nous quitter ?... dit-elle ; vous avez bien demain tout le temps de montrer à Monsieur des revers de médaille.

Le comte resta. Sans faire attention à la gêne imperceptible qui avait succédé à la grâce militaire de son neveu, M. de Nocé dé-

ploya pendant toute la soirée, le charme inex-
primable de sa conversation. Jamais je ne le
vis si brillant et si affectueux. Nous parlàmes
beaucoup des femmes. Ses plaisanteries furent marquées au coin de la plus exquise délicatesse. Il m'était impossible à moi-même de
voir des cheveux blancs sur sa tête chenue ;
car elle brillait de cette jeunesse de cœur et
d'esprit qui efface les rides et fond la neige
des hivers.

Le lendemain le neveu partit. Même après
la mort de M. de Nocé, et en cherchant à profiter de l'intimité de ces causeries familières où
les femmes ne sont pas toujours sur leurs
gardes, je n'ai jamais pu savoir quelle imper-
tinence commit alors le vicomte envers sa
tante : elle devait être bien grave, car depuis
cette époque, madame de Nocé n'a pas voulu
revoir son neveu et ne peut même aujourd'hui
en entendre prononcer le nom sans laisser
échapper un léger mouvement de sourcils.
Je ne devinai pas tout de suite le but de
la chasse du comte de Nocé ; mais plus tard
je trouvai qu'il avait joué bien gros jeu.

Cependant, si vous venez à bout de remporter, comme M. de Nocé, une aussi grande victoire, noubliez pas de mettre singulièrement en pratique le système des moxas; et ne vous imaginez pas que l'on puisse recommencer impunément de semblables tours de force. En prodiguant ainsi vos talens, vous finiriez par vous démonétiser dans l'esprit de votre femme; car elle exigerait de vous en raison double de ce que vous lui donneriez, et il arriverait un moment où vous resteriez court. L'àme humaine est soumise, dans ses désirs, à une sorte de progression arithmétique dont le but et l'origine sont également inconnus. De même que le mangeur d'opium doit toujours doubler ses doses pour obtenir le même résultat; de même, notre esprit aussi impérieux qu'il est faible, veut que les sentimens, les idées et les choses aillent en croissant. De là est venue la nécessité de distribuer habilement l'intérêt dans une œuvre dramatique, comme de graduer les remèdes en médecine. Ainsi vous voyez que si vous abordez jamais l'emploi de ces moyens vous devrez subordonner votre conduite hardie à bien des circonstances, et la réussite déprendra toujours des ressorts que vous emploierez.

Enfin, avez-vous du crédit, des amis puissans, occupez-vous un poste important? Un dernier moyen coupera le mal dans sa racine. N'aurez-vous pas le pouvoir d'enlever à votre femme son amant par une promotion, par un changement de résidence, ou par une permutation, s'il est militaire. Vous supprimez la correspondance, et nous en donnerons plus tard les moyens ; or *sublatá causá tollitur effectus*, paroles latines qu'on peut traduire à volonté par : pas d'effet sans cause ; pas d'argent, pas de Suisses.

Néanmoins vous sentez que votre femme pourrait facilement choisir un autre amant ; mais après ces moyens préliminaires, vous aurez toujours un moxa tout prêt, afin de gagner du temps et voir à vous tirer d'affaire par quelques nouvelles ruses.

Sachez combiner le système des moxas avec les déceptions mimiques de Carlin. L'immortel Carlin de la Comédie italienne, tenait tout une assemblée en suspens et en gaîté, pendant des heures entières, par ces seuls mots, variés avec tout l'art de la pantomime et prononcé de mille inflexions de voix différentes : « Le roi dit à la reine.—La reine dit au roi. » Imitez Carlin. Trouvez le moyen de laisser toujours votre femme en échec, afin de n'être pas *mat* vous-même. Prenez vos grades auprès des ministres constitutionnels dans l'art de promettre. Habituez-vous à savoir montrer à propos le polichinelle qui fait courir un enfant après vous, sans qu'il puisse s'apercevoir du chemin parcouru. Nous sommes tous enfans, et les femmes sont assez disposées par leur curiosité, à perdre leur temps à la poursuite d'un feu follet. Flamme brillante et trop tôt évanouie, l'imagination n'est-elle pas là pour vous secourir !

Enfin, étudiez l'art heureux d'être et de ne pas être auprès d'elle ; de saisir les momens où vous obtiendrez des succès dans son esprit, sans jamais l'assommer de vous, de votre supériorité et même de son bonheur. Si l'ignorance dans laquelle vous la retenez n'a pas tout-à-fait aboli son esprit, vous vous arrangerez si bien que vous vous désirerez encore quelque temps l'un et l'autre.

MÉDITATION XIV.

Des Appartemens.

Les moyens et les systèmes qui précèdent
sont en quelque sorte purement moraux. Ils
participent à la noblesse de notre âme et n'ont
rien de répugnant ; mais maintenant nous allons avoir recours aux précautions à la Bar-
tholo. N'allez pas mollir : il y a un courage

marital, comme un courage civil et militaire, comme un courage de Garde national.

Quel est le premier soin d'une petite fille après avoir acheté une perruche? N'est-ce pas de l'enfermer dans une belle cage d'où elle ne puisse plus sortir sans sa permission?

Cette enfant vous apprend ainsi votre devoir.

Tout ce qui tient à la disposition de votre maison et de ses appartemens sera donc conçu dans la pensée de ne laisser à votre femme aucune ressource, au cas où elle aurait décrété de vous livrer au Minotaure ; car la moitié des malheurs arrivent par les déplorables facilités que présentent les appartemens.

Avant tout, songez à avoir pour concierge *un homme seul* et entièrement dévoué à votre personne. C'est un trésor facile à trouver : quel est l'homme qui n'a pas toujours, de par le monde, ou un père nourricier ou quelque vieux serviteur qui, jadis, l'a fait sauter sur les genoux?

Une haine d'Atrée et de Thieste devra s'élever par vos soins entre votre femme et ce Nestor, gardien de votre porte. Cette porte est l'Alpha et l'Oméga d'une intrigue. Toutes

les intrigues en amour ne se réduisent-elles
pas toujours à ceci : entrer, sortir.

Votre maison ne vous servirait à rien si
elle n'était pas entre cour et jardin , et cons-
truite de manière à n'être en contact avec nulle
autre.

Vous supprimerez d'abord dans vos appartemens de réception les moindres cavités. Un
placard , ne contînt-il que six pots de confi-
ture, doit être muré. Vous vous préparez à
la guerre , et la première pensée d'un général
est de couper les vivres à son ennemi. Aussi ,
toutes les parois seront-elles pleines , afin de
présenter à l'œil des lignes faciles à parcourir et
qui permettent de reconnaître sur-le-champ le
moindre objet étranger. Consultez les restes des
monumens antiques , et vous verrez que la
beauté des appartemens grecs et romains , venait principalement de la pureté des lignes, de
la netteté des parois, de la rareté des meubles.
Les Grecs auraient souri de pitié en apercevant dans un salon les hiatus de nos ar-
moires.

Ce magnifique système de défense sera
surtout mis en vigueur, dans l'appartement

de votre femme. Ne lui laissez jamais draper son lit de manière à ce qu'on puisse se promener autour dans un dédale de rideaux. Soyez impitoyable sur les communications. Mettez sa chambre au bout de vos appartemens de réception. N'y souffrez d'issue que sur les salons, afin de voir, d'un seul regard, ceux qui vont et viennent chez elle.

Le Mariage de Figaro vous aura sans doute appris à placer la chambre de votre femme à une grande hauteur du sol. Tous les célibataires sont des Chérubin.

Votre fortune donne, sans doute, à votre femme le droit d'exiger un cabinet de toilette, une salle de bain et l'appartement d'une femme de chambre; alors, pensez à Suzanne, et ne commettez jamais la faute de pratiquer ce petit appartement-là au-dessous de celui de madame : mettez-le toujours au-dessus; et ne craignez pas de déshonorer votre hôtel par de hideuses coupures dans les fenêtres.

Si le malheur veut que ce dangereux appartement communique avec l'appartement de votre femme, par un *escalier dérobé*, consultez long-temps votre architecte : que son génie s'épuise à rendre à cet escalier sinistre, l'innocence de l'escalier primitif, l'échelle du meûnier; que cet escalier, nous vous en conjurons, n'ait aucune cavité perfide, que ses marches anguleuses et raides ne présentent jamais cette voluptueuse courbure dont Faublas et Justine se trouvaient si bien, en attendant que le marquis de B*** fût sorti. Les architectes, aujourd'hui, font des escaliers préférables à des ottomanes! Rétablissez plutôt le vertueux colimaçon de nos ancêtres.

En ce qui concerne les cheminées de l'appartement de madame, vous aurez soin de placer dans les tuyaux une grille en fer à cinq pieds de hauteur au-dessus du manteau de la cheminée, dût-on la sceller de nouveau à chaque ramonage. Si votre femme trouvait cette précaution ridicule, alléguez les nombreux assassinats commis au moyen des cheminées. Presque toutes les femmes ont peur des voleurs.

Le lit est un de ces meubles décisifs dont la structure doit être longuement méditée. Là tout est d'un intérêt capital. Voici les résultats d'une longue expérience.

Donnez à ce meuble une forme assez originale pour qu'on puisse toujours le regarder sans déplaisir au milieu des modes qui se succèdent avec rapidité en détruisant les créations précédentes du génie de nos décorateurs, car il est essentiel que votre femme ne puisse pas changer à volonté ce théâtre de bonheur.

La base en sera pleine, massive, et ne laissera aucun intervalle perfide entre elle et le parquet.

Et souvenez-vous bien que la dona Julia de Byron avait caché don Juan sous son oreiller.

Mais il serait ridicule de traiter légèrement un sujet aussi délicat. Le lit est tout le mariage. Aussi nous ne tarderons pas à nous occuper de cette admirable création du génie humain, invention que nous devons inscrire dans notre reconnaissance bien plus haut que les navires, que les armes à feu, que le briquet de Fumade, que les voitures et leurs roues, que les machines à vapeur, à simple ou a double pression, à siphon ou à détente, plus haut même que les tonneaux et les bouteilles. D'abord, il tient de tout cela, pour peu qu'on y réfléchisse ; mais si l'on vient à songer qu'il est notre second père, et que la moitié la plus tranquille et la plus agitée de notre existence s'écoule sous sa couronne protectrice, les paroles manquent pour faire son éloge! (Voyez la Méditation XVII intitulée : *Théorie du lit.*)

Lorsque la *guerre*, dont nous parlerons dans notre troisième partie, éclatera entre vous et madame, vous aurez toujours d'ingénieux prétextes pour fouiller dans ses commodes et dans ses secrétaires ; car si votre femme s'avisait de vous dérober une statue il est de votre intérêt de savoir où elle l'a cachée.

Un *gynécée* construit d'après ce système vous permettra de reconnaître d'un seul coup-d'œil s'il contient deux livres de soie de plus qu'à l'ordinaire.

Laissez-y pratiquer une seule armoire, vous êtes perdu !

Accoutumez surtout votre femme, pendant la Lune de Miel, à déployer une excessive recherche dans la tenue des appartemens : que rien n'y traîne. Si vous ne l'habituez pas à un soin minutieux, si les mêmes objets ne se re-

trouvent pas éternellement aux mêmes places,
elle vous introduirait un tel désordre, que
vous ne pourriez plus voir s'il y a ou non les
deux livres de soie, de plus ou de moins.

Les rideaux de vos appartemens seront toujours d'étoffes très-diaphanes et le soir vous
contracterez l'habitude de vous promener de
manière à ce que madame ne soit jamais surprise de vous voir aller jusqu'à la fenêtre, par
distraction. Enfin, pour finir l'article des croi-
sées, faites-les construire, dans votre hôtel,
de telle sorte, que l'appui ne soit jamais assez large pour qu'on y puisse placer un sac de
farine.

L'appartement de votre femme une fois arrangé d'après ces principes, existât-il dans
votre hôtel des niches à loger tous les saints
du Paradis, vous êtes en sûreté. Vous pourrez
tous les soirs, de concert avez votre ami le concierge, balancer l'entrée par la sortie; et, pour
obtenir des résultats certains, rien ne vous
empêcherait même de lui apprendre à tenir un
livre de visite en partie double.

Si vous avez un jardin, ayez la passion des
chiens. En laissant toujours sous vos fenêtres

un de ces incorruptibles gardiens, vous tien-
drez en respect le Minotaure ; surtout, si vous
habituez votre ami quadrupède à ne rien prendre de substantiel que de la main de votre
concierge, afin que des célibataires sans délicatesse ne puissent pas l'empoisonner.

Toutes ces précautions se prendront naturellement et de manière à n'éveiller aucun
soupçon. Si des hommes ont été assez imprudens pour ne pas avoir établi, en se mariant,
leur domicile conjugal d'après ces savans principes, ils devront au plus tôt vendre leur hôtel, en acheter un autre, ou prétexter des ré-
parations et remettre la maison à neuf.

Vous bannirez impitoyablement de vos appartemens les canapés, les ottomanes, les cau-
seuses, les chaises longues, etc. D'abord, ces
meubles ornent maintenant le ménage des
épiciers, et on les trouve même chez les coiffeurs ; mais ce sont essentiellement des meubles de perdition ; jamais je n'ai pu les voir sans
frayeur ; il m'a toujours semblé y apercevoir le
diable avec ses cornes et son pied fourchu.

Après tout, rien n'est si dangereux qu'une
chaise, et il est bien malheureux qu'on ne

puisse pas enfermer les femmes entre quatre murs !... Quel est le mari qui, en s'asseyant sur une chaise disjointe, n'est pas toujours porté à croire qu'elle a reçu l'instruction du *Sopha* de Crébillon fils. Mais nous avons heureusement arrangé vos appartemens d'après un système de prévision tel que rien ne peut y arriver de fatal, à moins que vous n'y consentiez par votre négligence.

Un défaut dont vous ne vous corrigerez jamais, sera une espèce de curiosité distraite. Elle vous portera sans cesse à examiner toutes les boîtes, à mettre sens dessus dessous les nécessaires. Vous procéderez à cette visite domiciliaire avec originalité, gracieusement, et chaque fois vous obtiendrez votre pardon en excitant la gaîté de votre femme.

Vous manifesterez toujours aussi l'étonnement le plus profond à l'aspect de chaque meuble nouvellement mis dans cet appartement si bien rangé. Sur-le-champ vous vous en ferez expliquer l'utilité; puis vous mettrez votre esprit à la torture pour deviner s'il n'a

pas un emploi tacite, ou n'enferme pas de perfides cachettes.

Ce n'est pas tout. Vous avez trop d'esprit
pour ne pas sentir que votre jolie perruche ne
restera dans sa cage qu'autant que cette cage
sera belle. Les moindres accessoires respireront donc l'élégance et le goût. L'ensemble
offrira sans cesse un tableau simple et gracieux.
Vous renouvellerez souvent les tentures et les
mousselines. La fraîcheur du décor est trop
essentielle pour économiser sur cet article.
C'est le mouron matinal que les enfans mettent soigneusement dans la cage de leurs oiseaux, pour leur faire croire à la verdure des
prairies. Un appartement de ce genre est alors
l'*ultima ratio* des maris : une femme n'a rien à
dire quand on lui a tout prodigué.

Les maris condamnés à habiter des appartemens à loyer, sont dans la plus horrible de
toutes les situations.

Quelle influence heureuse ou fatale le por-
tier ne peut-il pas exercer sur leur sort !

Leur maison ne sera-t-elle pas flanquée à
droite et à gauche de deux autres maisons?
Il est vrai qu'en plaçant d'un seul côté l'ap-

partement de leurs femmes, le danger dimi-
nuera de moitié; mais ne sont-ils pas obligés
d'apprendre par cœur et de méditer l'âge, l'é-
tat, la fortune, le caractère, les habitudes des
locataires de la maison voisine et d'en connaître même les amis et les parens?

Un mari sage ne se logera jamais à un rez-
de-chaussée.

Tout homme peut appliquer à son appartement les précautions que nous avons conseil-
lées au propriétaire d'un hôtel, et alors le lo-
cataire aura sur le propriétaire cet avantage,
qu'un appartement occupant moins d'espace
est beaucoup mieux surveillé.

MÉDITATION XV.

De la Douane.

— En non, madame! non...

— Car, monsieur, il y aurait là quelque chóse de si inconvenant.....

— Croyez-vous donc, madame, que nous voulions prescrire de visiter, comme aux barrières, les personnes qui franchissent le seuil

de vos appartemens ou qui en sortent furtive-
ment, afin de voir s'ils ne vous apportent pas
quelque bijou de contrebande? Eh ! mais il n'y
aurait là rien de décent; et nos procédés, madame, n'auront rien d'odieux, partant rien de
fiscal : rassurez-vous.

Monsieur, la douane conjugale est de tous
les expédiens de cette seconde partie, celui qui
peut-être réclame de vous le plus de tact, de
finesse, et le plus de connaissances acquises
à *priori*, c'est-à-dire avant le mariage. Pour
pouvoir *exercer*, un mari doit avoir fait une
étude profonde du livre de Lavater et s'être
pénétré de tous ses principes; avoir habitué
son œil et son entendement à juger, à saisir,
avec une étonnante promptitude, les plus légers indices physiques par lesquels l'homme
trahit sa pensée.

La Physiognomonie de Lavater a créé une
véritable science. Elle a pris place enfin parmi
les connaissances humaines. Si, d'abord,
quelques doutes, quelques plaisanteries ac-
cueillirent l'apparition de ce livre; depuis, le
célèbre docteur Gall est venu, par sa belle
théorie du crâne, compléter le système du

Suisse, et donner de la solidité à ses fines et lumineuses observations. Les gens d'esprit, les diplomates, les femmes, tous ceux qui sont les rares et fervens disciples de ces deux hommes célèbres, ont souvent eu l'occasion de remarquer bien d'autres signes évidens auxquels on reconnaît la pensée humaine. Les habitudes du corps, l'écriture, le son de la voix, les manières ont plus d'une fois éclairé la femme qui aime, le diplomate qui trompe, l'administrateur habile ou le souverain, obligés de démêler d'un coup-d'œil l'amour, la trahison ou le mérite inconnus. L'homme dont l'âme agit avec force est comme un pauvre ver-luisant qui, à son insu, laisse échapper la lumière par tous ses pores : il se meut dans une sphère brillante où chaque effort amène un ébranlement dans la lueur et dessine ses mouvemens par de longues traces de feu.

Voilà donc tous les élémens des connaissances que vous devez posséder, car la douane conjugale consiste uniquement dans un examen rapide, mais approfondi, de l'état moral et physique de tous les êtres qui entrent et sortent de chez vous, lorsqu'ils ont vu ou vont voir votre femme. Un mari ressemble alors à une araignée qui, au centre de sa toile imperceptible, reçoit une secousse de la moindre mouche étourdie, et, de loin, écoute, juge, voit ou la proie ou l'ennemi.

Ainsi, vous vous procurerez les moyens d'examiner le célibataire qui sonne à votre porte, dans deux situations bien distinctes : quand il va entrer, quand il est entré.

Au moment d'entrer, que de choses ne dit-il pas sans seulement desserrer les dents !...

Soit que d'un léger coup de main, ou en plongeant ses doigts à plusieurs reprises dans ses cheveux, il en abaisse ou en rehausse le toupet caractéristique ;

Soit qu'il fredonne un air italien ou français, joyeux ou triste, d'une voix de ténor, de contralto, de soprano, ou de baryton ;

Soit qu'il s'assure si le bout de sa cravate significative est toujours placé avec grâce ;

Soit qu'il aplatisse le jabot bien plissé ou en désordre d'une chemise de jour ou de nuit ;

Soit qu'il cherche à savoir par un geste interrogateur et furtif si sa perruque blonde ou brune, frisée ou plate, est toujours à sa place naturelle ;

Soit qu'il examine si ses ongles sont propres ou bien coupés ;

Soit que d'une main blanche ou peu soignée, bien ou mal gantée, il refrise ou sa moustache ou ses favoris ; ou soit qu'il les passe et repasse entre les dents d'un petit peigne d'écaille ;

Soit que, par des mouvemens doux et répétés, il cherche à placer son menton dans le centre exact de sa cravate ;

Soit qu'il se dandine d'un pied sur l'autre, les mains dans ses poches ;

Soit qu'il tourmente sa botte, en la regardant, comme s'il se disait : « Eh ! mais, voilà un pied qui n'est certes pas mal tourné !... »

Soit qu'il arrive à pied ou en voiture, qu'il efface ou non la légère empreinte de boue dont sa chaussure est salie ;

Soit même qu'il reste immobile, impassible comme un Hollandais qui fume ;

Soit que les yeux attachés à cette porte, il ressemble à une âme sortant du purgatoire et attendant saint Pierre et ses clefs ;

Soit qu'il hésite à tirer le cordon de la sonnette ; et soit qu'il le saisisse négligemment,
précipitamment, familièrement ou comme un
homme sûr de son fait ;

Soit qu'il ait sonné timidement, faisant re-
tentir un tintement perdu dans le silence des
appartemens comme un premier coup de ma-
tines en hiver dans un couvent de Minimes ;
ou soit qu'après avoir sonné avec vivacité, il
sonne encore, impatienté de ne pas entendre
les pas d'un laquais ;

Soit qu'il donne à son haleine un parfum
délicat en mangeant une pastille de cachondé ;

Soit qu'il prenne d'un air empesé une prise
de tabac, dont il chasse soigneusement les
grains qui pourraient altérer la blancheur de
son linge ;

Soit qu'il regarde autour de lui, en ayant
l'air d'estimer la lampe de l'escalier, le tapis,
la rampe, comme s'il était marchand de meubles ou entrepreneur de bâtimens ;

Soit enfin que ce célibataire soit jeune ou
âgé, ait froid ou chaud, arrive lentement,
tristement ou joyeusement, etc.

Vous sentez qu'il y a là, sur la marche de votre

escalier, une masse étonnante d'observations. Les légers coups de pinceau que nous avons essayé de donner à cette figure vous montrent, en elle, un véritable kaleïdoscope moral avec ses millions de désinences. Et, nous n'avons même pas voulu faire arriver de femme sur ce seuil révélateur; car nos remarques, déjà considérables, seraient devenues innombrables et légères comme les grains de sable de la mer.

En effet, devant cette porte fermée, un homme se croit entièrement seul; et, pour peu qu'il attende, il y commence un monologue muet, un soliloque indéfinissable, où tout, jusqu'à son pas, dévoile ses espérances, ses désirs, ses intentions, ses secrets, ses qualités, ses défauts, ses vertus, etc.; enfin, un homme est, sur un palier, comme une jeune fille de quinze ans dans un confessionnal, la veille de sa première communion.

En voulez-vous la preuve?... Examinez le changement subit opéré sur cette figure et dans les manières de ce célibataire aussitôt que de dehors il arrive au dedans? Le machiniste de l'Opéra, la température, les nuages ou le soleil, ne changent pas plus vite l'aspect d'un théâtre, de l'atmosphère et du ciel.

A la première dalle de votre antichambre, de toutes les myriades d'idées que ce célibataire vous a trahies avec tant d'innocence sur l'escalier, il ne reste pas même un regard auquel on puisse rattacher une observation. La grimace sociale de convention a tout enveloppé d'un voile épais ; mais un mari habile a dû déjà deviner, d'un seul coup-d'œil, l'objet de la visite, et lire dans l'âme de l'arrivant comme dans un livre.

La manière dont on aborde votre femme, dont on lui parle, dont on la regarde, dont on la salue, dont on la quitte... Il y a là des volumes d'observations plus minutieuses les unes que les autres.

Le timbre de la voix, le maintien, la gêne, un sourire, le silence même, la tristesse, les prévenances à votre égard, tout est indice, et tout doit être étudié d'un regard, sans effort. Vous devez cacher la découverte la plus désagréable sous l'aisance et le langage abondant d'un homme de salon. Dans l'impuissance où nous nous trouvons d'énumérer les immenses détails du sujet, nous nous en remettons entièrement à la sagacité du lecteur qui doit apercevoir l'étendue de cette science : elle commence à l'analyse des regards et finit à la perception des mouvemens que le dépit imprime à un orteil caché sous le satin d'un soulier ou sous le cuir d'une botte.

Mais la sortie !... car il faut prévoir le cas où vous aurez manqué votre rigoureux examen au seuil de la porte, et la sortie devient alors d'un intérêt capital, d'autant plus que cette nouvelle étude du célibataire doit se faire avec les mêmes élémens, mais en sens inverse de la première.

Il existe cependant, dans la sortie, une situation toute particulière ; c'est le moment où l'ennemi a franchi tous les retranchemens dans lesquels il pouvait être observé, et qu'il arrive à la rue ! Là, un homme d'esprit doit deviner tout une visite en voyant un homme sous une porte cochère. Les indices sont bien plus rares, mais aussi quelle clarté ! C'est le dénoûment, et l'homme en trahit sur-le-champ la gravité par l'expression la plus simple du bonheur, de la peine ou de la joie.

Alors les révélations sont faciles à recueillir :

c'est un regard jeté ou sur la maison, ou sur les fenêtres de l'appartement ; c'est une démarche lente ou oisive ; le frottement des mains du sot, ou la course sautillante du fat, ou la station involontaire de l'homme profondément ému ; la visite même que le célibataire pourrait faire à une borne voisine n'est pas chose indifférente, et cette situation hygiénique est d'une haute importance : enfin, vous aviez sur le palier les questions aussi nettement posées que si une académie de province proposait cent écus pour un discours ; à la sortie, les solutions sont claires et précises. Notre tâche serait au-dessus des forces humaines, s'il fallait dénombrer les différentes manières dont les hommes trahissent leurs sensations : là, tout est tact et sentiment.

Si vous appliquez ces principes d'observation aux étrangers, à plus forte raison soumettrez-vous votre femme aux mêmes formalités.

Un homme marié doit avoir fait une étude profonde du visage de sa femme. Cette étude est facile, elle est même involontaire et de tous les momens. Pour lui, cette belle physionomie de la femme ne doit plus avoir de mystères. Il sait comment les sensations s'y peignent, et sous quelle expression elles se dérobent au feu du regard.

Le plus léger mouvement des lèvres, la plus imperceptible contraction des narines, les dégradations insensibles de l'œil, l'altération de la voix, et ces nuages indéfinissables qui enveloppent les traits, ou ces flammes qui les illuminent, tout est langage pour vous.

Cette femme est là : tous la regardent, et nul ne peut comprendre sa pensée. Mais, pour vous, l'iris de l'œil s'est plus ou moins coloré, étendu, ou resserré ; la paupière a vacillé, le sourcil a remué ; un pli, effacé aussi rapidement qu'un sillon sur la mer, a paru sur le front ; la lèvre a été rentrée, elle a légèrement fléchi, ou s'est animée... pour vous, la femme a parlé.

Si, dans ces momens difficiles où une femme dissimule en présence de son mari, vous avez l'âme du Sphynx, pour la deviner ; vous sentez bien que les principes de la douane deviennent un jeu d'enfant, à son égard.

En arrivant chez elle ou en en sortant, lorsqu'elle se croit seule, enfin, votre femme a

toute l'imprudence d'une corneille, et se dirait tout haut, à elle-même, son secret : aussi,
par le changement subit de ses traits au moment où elle vous voit, contraction qui, malgré la rapidité de son jeu, ne s'opère pas assez vite pour ne pas laisser voir l'expression
qu'avait le visage en votre absence, vous devez lire dans son âme comme dans un livre de
plain-chant. Enfin votre femme se trouvera
souvent sur le seuil aux monologues, et là, un
mari peut à chaque instant vérifier les sentimens de sa femme.

Est-il un homme assez insouciant des mystères de l'amour, pour n'avoir pas, maintes
fois, admiré le pas léger, menu, coquet d'une
femme qui vole à un rendez-vous? Elle se glisse
à travers la foule comme un serpent sous l'herbe.
Les modes, les étoffes, et les piéges éblouis-
sans tendus par les lingères déployent vaine-
ment pour elle leurs séductions; elle va, elle
va, semblable au fidèle animal qui cherche la
trace invisible de son maître, sourde à tous
les complimens, aveugle à tous les regards,
insensible même aux légers froissemens inséparables de la circulation humaine dans Paris.

Oh ! comme elle sent le prix d'une minute ! Sa démarche, sa toilette, son visage commettent mille indiscrétions. Mais, ô quel ravissant tableau pour le flaneur, et quelle page sinistre pour un mari que la physionomie de cette femme, quand elle revient de ce logis secret sans cesse habité par son âme !... Son bonheur est signé jusque dans l'indescriptible imperfection de sa coiffure dont le gracieux édifice et les tresses ondoyantes n'ont pas su prendre, sous le peigne cassé du célibataire, cette teinte luisante, ce tour élégant et arrêté que leur imprime la main sûre de la camériste. Et quel adorable laisser-aller dans la démarche ! Comment rendre ce sentiment qui répand de si riches couleurs sur son teint, qui ôte à ses yeux toute leur assurance et qui tient à la mélancolie et à la gaîté, à la pudeur et à l'orgueil par tant de liens !

Ces indices, volés à la Méditation *des derniers symptômes*, et qui appartiennent à une situation dans laquelle une femme essaie de tout dissimuler, vous permettent de deviner, par analogie, l'opulente moisson d'observations qu'il vous est réservé de recueillir quand votre femme arrive chez elle, et que, le grand crime n'étant pas encore commis, elle livre innocemment le secret de ses pensées. Quant à nous, nous n'avons jamais vu de palier sans avoir envie d'y clouer une rose des vents et une girouette.

Les moyens à employer, pour parvenir à se faire dans sa maison une sorte d'observatoire, dépendant entièrement des lieux et des circonstances, nous nous en rapportons à l'adresse des jaloux pour exécuter les intentions de cette Méditation.

MÉDITATION XVI.

Charte conjugale.

J'avoue que je ne connais guères à Paris qu'une seule maison conçue d'après le système développé dans les deux Méditations précédentes. Mais je dois ajouter aussi que j'ai bâti le système d'après la maison. Cette admirable

forteresse appartient à un jeune maître des requêtes, ivre d'amour et de jalousie.

Quand il apprit qu'il existait un homme
exclusivement occupé de perfectionner le mariage en France, il eut l'honnêteté de m'ouvrir
les portes de son hôtel et de m'en faire voir le
gynécée. J'admirai le profond génie qui avait
si habilement déguisé les précautions d'une
jalousie presque orientale, sous l'élégance des
meubles, sous la beauté des tapis et la fraîcheur des peintures. Je convins qu'il était
impossible à sa femme de rendre son appartement complice d'une trahison.

—Monsieur, dis-je à l'Othello du conseil-d'é-
tat, qui ne me paraissait pas très-fort sur la
haute politique conjugale, je ne doute pas que
madame la vicomtesse n'ait beaucoup de plaisir
à demeurer au sein de ce petit paradis ; elle
doit même en avoir prodigieusement, surtout
si vous y êtes souvent ; mais un moment vien-
dra où elle en aura assez ; car, Monsieur, on se
lasse de tout, même du sublime. Alors comment
ferez-vous quand madame la vicomtesse, ne
trouvant plus à toutes vos inventions leur
charme primitif, ouvrira la bouche pour bâiller,

et peut-être pour vous présenter une requête
tendant à obtenir l'exercice de deux droits in-
dispensables à son bonheur : la liberté indivi-
duelle, c'est-à-dire la faculté d'aller et de venir
selon le caprice de sa *volonté*, et la liberté de
la presse, ou la faculté d'écrire et de recevoir
des lettres, sans avoir à craindre votre cen-
sure ?.....

A peine avais-je achevé ces paroles, que
M. le vicomte de V*** me serra fortement le
bras, et s'écria : — Et voilà bien l'ingratitude
des femmes ! S'il y a quelque chose de plus in-
grat qu'un roi, c'est un peuple ; mais, Monsieur, la femme est encore plus ingrate qu'eux
tous. Une femme mariée en agit avec nous
comme les citoyens d'une monarchie constitutionnelle avec un roi : on a beau assurer
à ceux-là une belle existence dans un beau
pays ; un gouvernement a beau se donner
toutes les peines du monde avec des gendarmes, des chambres, une administration
et tout l'attirail de la force armée, pour empêcher un peuple de mourir de faim ; pour éclairer
les villes par le gaz, aux dépens des citoyens ;
pour chauffer tout son monde par le soleil du

quarante-cinquième degré de latitude, et pour
interdire enfin, à tous autres qu'aux percepteurs, de demander de l'argent ; il a beau
paver, tant bien que mal, des routes ?..... Eh
bien, aucun des avantages d'une aussi belle
utopie n'est apprécié ! Les citoyens veulent
autre chose !... Ils n'ont pas honte de réclamer
encore le droit de se promener à volonté sur
ces routes, celui de savoir où va l'argent donné
aux percepteurs, et enfin le monarque serait
tenu de fournir à chacun une petite part du
trône, s'il fallait écouter les bavardages de quelques écrivassiers, ou adopter certaines idées tri-
colores, espèces de polichinelles, que fait jouer
une troupe de soi-disant patriotes, gens de sac
et de corde, qui sont prêts à vendre leurs
consciences pour un million, une femme honnête ou une couronne ducale.

— M. le vicomte, dis-je en l'interrompant,
je suis parfaitement de votre avis sur ce dernier point ; mais que ferez-vous pour éviter de
répondre aux justes demandes de votre femme ?

— Monsieur, je ferai...., je répondrai comme
font et comme répondent les gouvernemens
qui ne sont pas aussi bêtes que les membres

de l'opposition voudraient le persuader à leurs commettans.

Je commencerai par octroyer solennellement une espèce de constitution, en vertu de laquelle ma femme sera déclarée entièrement libre.

Je reconnaîtrai pleinement le droit qu'elle a d'aller où bon lui semble, d'écrire à qui elle veut, et de recevoir des lettres dont je m'interdirai de connaître le contenu.

Ma femme aura tous les droits du parlement anglais : je la laisserai parler tant qu'elle voudra, discuter, proposer des mesures fortes et énergiques, mais sans qu'elle puisse les mettre à exécution, et puis après.... nous verrons !....

—Par Saint-Joseph !.... dis-je en moi-même, voilà un homme qui comprend aussi bien que moi la science du mariage.

—Et puis vous verrez, Monsieur, répondis-je à haute voix pour obtenir de plus amples révélations, vous verrez que vous serez, un beau matin, tout aussi sot qu'un autre.

—Monsieur, reprit-il gravement, permettez moi d'achever. Voilà ce que les grands politiques appellent une théorie, mais ils savent

faire disparaître cette théorie par la pratique ,
comme une vraie fumée ; et les ministres possèdent encore mieux que tous les avoués de
Normandie , l'art d'emporter *le fond* par *la
forme*.

M. de Metternich et M. de Pilat , hommes
d'un profond mérite , se demandent depuis
long-temps si l'Europe est dans son bon sens?
si elle rêve , si elle sait où elle va ? si elle a
jamais raisonné? chose impossible aux masses,
aux peuples et aux femmes. MM. de Metternich et de Pilat sont effrayés de voir ce
siècle-ci poussé par la manie des constitutions,
comme le précédent l'était par la philosophie ,
et comme celui de Luther l'était par la réforme
des abus de la religion romaine , car il semble
vraiment que les générations soient semblables
à des conspirateurs dont les actions marchent
séparément au même but en se passant le mot
d'ordre. Mais ils s'effraient à tort , et c'est en
cela seulement que je les condamne ; car ils ont
raison de vouloir jouir du pouvoir , sans que
des bourgeois arrivent, à jour fixe, du fond de
la Souabe pour les taquiner. Comment des
hommes aussi remarquables n'ont-ils pas su

deviner la profonde moralité que renferme la comédie constitutionnelle, et voir qu'il est de la plus haute politique de laisser un os à ronger au siècle.

Je pense absolument comme eux, relativement à la souveraineté.

Un *pouvoir* est un être moral aussi intéressé qu'un homme à sa conservation. Le sentiment de la conservation est dirigé par un principe essentiel, exprimé en trois mots : *Ne rien perdre*. Pour ne rien perdre, il faut croître, ou rester infini; car un pouvoir stationnaire est nul. S'il rétrograde, ce n'est plus un pouvoir, il est entraîné par un autre. Je sais, comme eux, dans quelle situation fausse se trouve un pouvoir infini qui fait une concession? Il laisse naître dans son existence une autre existence, un autre pouvoir dont l'essence sera de grandir. L'un anéantira nécessairement l'autre, car tout être tend au plus grand développement possible de ses forces. Un pouvoir ne fait donc jamais de concessions qu'il ne tente de les reconquérir. Ce combat entre les deux pouvoirs constitue nos gouvernemens constitutionnels, dont le jeu épouvante à tort le patriarche de la diplomatie autrichienne, parce que, comédie pour comédie, la moins périlleuse et la plus lucrative est celle que jouent l'Angleterre et la France. Elles ont dit au peuple : Tu es libre, et il a été content ; il entre dans le gouvernement comme une foule de zéros, qui donnent de la valeur à l'unité. Mais s'il veut se remuer, on commence avec lui le drame du Dîner de Sancho, quand l'écuyer, devenu souverain de son île en terre-ferme, essaye de manger. Or, nous autres hommes, nous devons parodier cette admirable scène au sein de nos ménages.

Ainsi, ma femme a bien le droit de sortir ; mais en me déclarant où elle va, comment elle va, pour quelle affaire elle va, et quand elle reviendra. Au lieu d'exiger ces renseignemens avec la brutalité de nos polices, qui se perfectionneront sans doute un jour, j'ai le soin de revêtir les formes les plus gracieuses. Sur mes lèvres, dans mes yeux, sur mes traits, se jouent et paraissent tour à tour les accens et les signes de la curiosité et de l'indifférence, de la gravité et de la plaisanterie, de la contradiction et de l'amour. Ce sont toutes pe-

tites scènes conjugales pleines d'esprit, de finesse et de grâce, qui sont très-agréables à
jouer. Le jour où j'ai ôté de dessus la tête de
ma femme la couronne de fleurs d'oranger
qu'elle portait, j'ai compris que nous avions
joué, comme au couronnement d'un roi, les
premiers lazzis d'une longue comédie.

—J'ai des gendarmes !...... j'ai ma garde
royale, j'ai mes procureurs-généraux, moi !....
reprit-il avec une sorte d'enthousiasme ! Est-
ce que je souffre jamais que madame aille
à pied sans être accompagnée d'un laquais
en livrée ? Cela n'est-il pas du meilleur ton ;
sans compter l'agrément qu'elle a de dire à
tout le monde : — J'ai des gens. Mais mon
principe conservateur a été de toujours faire
coïncider mes courses avec celles de ma femme ;
et depuis deux ans j'ai su lui prouver que c'é-
tait pour moi un plaisir toujours nouveau de
lui donner le bras. S'il fait mauvais à marcher, j'essaye de lui apprendre à conduire
avec aisance un cheval fringant ; mais je vous
jure que je m'y prends de manière à ce qu'elle
ne le sache pas de sitôt !.....

Si, par hazard ou par l'effet de sa volonté

bien prononcée, elle voulait s'échapper sans passeport, c'est-à-dire dans sa voiture et seule, n'ai-je pas un cocher, un heiduque, un groom? Alors ma femme peut aller où elle veut, elle emmène toute une sainte *herman-dad*, et je suis bien tranquille....

Mais, mon cher Monsieur, que de moyens n'avons-nous pas de détruire la charte conjugale par la pratique, et la lettre par l'interprétation!

J'ai remarqué que les mœurs de la haute société comportent une flanerie qui dévore la moitié de la vie d'une femme, sans qu'elle puisse se sentir vivre. J'ai, pour mon compte, formé le projet d'amener adroitement ma femme jusqu'à quarante ans, sans qu'elle songe à l'amour, de même que feu Musson s'amusait à mener un bourgeois de la rue Saint-Denis à Pierrefitte, sans qu'il se doutât d'avoir quitté l'ombre du clocher de Saint-Leu.

—Comment! lui dis-je en l'interrompant, auriez-vous par hazard deviné ces admirables déceptions que je me proposais de décrire dans une Méditation, intitulée : *Art de mettre la mort dans la vie!*.... Hélas! je croyais être le premier qui eût découvert cette science. Ce titre concis m'avait été suggéré par le récit que fit un jeune médecin, d'une admirable composition inédite de Crabbe. Dans cet ouvrage, le poète anglais a su personnifier un être fantastique, nommé *la Vie dans la Mort*. Ce personnage poursuit à travers les océans du monde, un squelette animé, appelé *la Mort dans la Vie*. Je me souviens que peu de personnes, parmi les convives de l'élégant traducteur de la poésie anglaise, comprirent le sens mystérieux de cette fable aussi vraie que fantastique. Moi seul, peut-être, plongé dans un silence de brute, je songeais à ces générations entières qui, poussées par la VIE, passent sans vivre. Des figures de femmes s'élevaient devant moi par milliers, par myriades, toutes mortes, chagrines, et versant des larmes de désespoir en contemplant les heures perdues de leur jeunesse ignorante. Dans le lointain, je voyais naître une Méditation railleuse, dont j'entendais déjà les rires sataniques; et vous allez sans doute la tuer...... Mais voyons, confiez-moi au plus vite les moyens que vous avez trouvés pour aider une femme à gaspiller les momens rapides où elle est dans la fleur de sa beauté, dans la force de ses désirs?.... Peut-être m'aurez-vous laissé quelques stratagèmes, quelques ruses à décrire?....

Le vicomte se mit à rire de ce désappointement d'auteur, et me dit d'un air satisfait.

—Ma femme a, comme toutes les jeunes personnes de notre bienheureux siècle, appuyé ses doigts, pendant trois ou quatre années consécutives, sur les touches d'un piano qui n'en pouvait mais. Elle a déchiffré Beethoven, fredonné les ariettes de Rossini et parcouru les exercices de Crammer? Or, j'ai déjà eu le soin de la convaincre de sa supériorité en musique : pour atteindre à ce but, j'ai applaudi, j'ai écouté sans bâiller les plus ennuyeuses sonates du monde, et je me suis résigné à lui donner une loge aux Bouffons. Aussi j'ai gagné trois soirées paisibles sur les sept que Dieu a créées dans la semaine. Je suis à l'affût des *maisons à musique* ; car à Paris, il existe des salons qui ressemblent exactement à des tabatières d'Allemagne ; ce sont des *Componiums* perpétuels, où je vais régulièrement chercher des indigestions d'harmonie, que ma femme nomme des concerts. Mais aussi, la plupart du temps, elle s'enterre dans ses partitions.....

— Hé, Monsieur, ne connaissez-vous donc pas le danger qu'il y a de développer chez une femme le goût du chant et de la laisser livrée à toute les excitations d'une vie sédentaire!... Il ne vous manquerait plus que de la nourrir de mouton et de lui faire boire de l'eau.....

— Ma femme ne mange jamais que des blancs de volaille, et j'ai soin de toujours faire succéder un bal à un concert, un raout à une représentation des Italiens!... Aussi je réussis à la faire coucher pendant six mois de l'année, entre une heure et deux du matin! Ah, Monsieur, les conséquences de ce coucher matinal sont incalculables!.....

D'abord, chacun de ces plaisirs nécessaires est accordé comme une faveur, et je suis censé faire constamment la volonté de ma femme : alors, je lui persuade, sans dire un seul mot, qu'elle s'est constamment amusée depuis six heures du soir, époque de notre dîner et de sa toilette, jusqu'à onze heures du matin, heure à laquelle nous nous levons.

— Ah, Monsieur, quelle reconnaissance ne

vous doit-elle pas pour une vie aussi pleine?...

— Je n'ai donc plus guère que trois heures dangereuses à passer; mais n'a-t-elle pas des sonates à étudier, des airs à répéter!... N'ai-je pas toujours des promenades au bois de Boulogne à proposer, des calèches à essayer, des visites à rendre, etc.

Ce n'est pas tout. Le plus bel ornement d'une femme est une propreté recherchée. Ses soins, à cet égard, ne peuvent jamais avoir d'excès ni de ridicule : or, la toilette m'a encore offert les moyens de lui faire consumer les plus beaux momens de sa journée.

— Vous êtes digne de m'entendre!... m'écriai-je. Eh bien, Monsieur, vous lui mangerez quatre heures par jour, si vous voulez lui apprendre un art inconnu aux plus recherchées de nos petites-maîtresses modernes! Dénombrez à madame de V*** les étonnantes précautions créées par le luxe oriental des dames romaines. Nommez-lui les esclaves employés seulement au bain chez l'impératrice Poppée : les *Unctores*, les *Fricatores*, les *Alipilarili*, les *Dropacistæ*, les *Paratiltriæ*, les *Picatrices*, les *Tractatrices*, les essuyeurs en cygne, que sais-je!... Entretenez-la de cette multitude d'esclaves dont Mirabeau a donné la nomenclature dans son *Erotika Biblion*. Pour peu qu'elle essaye à remplacer tout ce monde-là, vous aurez de belles heures de tranquillité, sans compter les agrémens personnels qui résulteront pour vous de l'importation dans votre ménage du système de ces illustres Romaines, dont les moindres cheveux, artistement disposés, avaient reçu des rosées de parfums, dont la moindre veine semblait avoir conquis un sang nouveau dans la myrrhe, le lin, les parfums, les ondes, les fleurs, le tout aux sons d'une musique voluptueuse.

—Eh, Monsieur, reprit le mari, qui s'échauffait de plus en plus, n'ai-je pas aussi d'admirables prétextes dans la santé! Cette santé si précieuse et si chère, me permet de lui interdire toute sortie par le mauvais temps, et je gagne ainsi un quart de l'année. Et n'ai-je pas su introduire le doux usage de ne jamais sortir l'un ou l'autre sans aller nous donner le baiser d'adieu, en disant : « Mon bon ange, je sors. »

Enfin, j'ai su prévoir l'avenir et rendre pour toujours ma femme captive au logis, comme

un conscrit dans sa guérite!... Je lui ai ins-
piré un enthousiasme incroyable pour les devoirs sacrés de la maternité.

—En la contredisant, demandai-je?

—Vous l'avez deviné!... dit-il en riant. Je
lui soutiens qu'il est impossible à une femme
du monde de remplir ses obligations envers la
société, de mener sa maison, de s'abandonner à tous les caprices de la mode, à ceux
d'un mari qu'on aime, et d'élever ses enfans...

Alors elle prétend qu'à l'exemple de Caton,
qui voulait voir comment la nourrice chan-
geait les langes du grand Pompée, elle ne laissera pas à d'autres les soins les plus minutieux,
réclamés par les flexibles intelligences et les
corps si tendres de ces petits êtres dont l'éducation commencé au berceau.

Vous comprenez, Monsieur, que ma diplomatie conjugale ne me servirait pas à grand'-
chose, si, après avoir ainsi mis ma femme au
secret, je n'usais pas d'un machiavélisme innocent, qui consiste à l'engager perpétuellement à faire ce qu'elle veut, à lui demander
son avis en tout et sur tout.

Comme cette illusion de liberté est destinée

à tromper une créature assez spirituelle, j'ai soin de tout sacrifier pour convaincre madame de V*** qu'elle est la femme la plus libre qu'il y ait à Paris; et, pour atteindre à ce but, je me garde bien de commettre ces grosses balourdises politiques qui échappent souvent à nos ministres.

— Je vous vois, dis-je, quand vous voulez escamoter un des droits concédés à votre femme par la charte, je vous vois prendre un air doux et mesuré, cacher le poignard sous des roses, et, en le lui plongeant avec précaution dans le cœur, lui demander d'une voix amie : — Mon ange, te fait-il mal ? Comme ces gens sur les pieds desquels on marche, elle vous répond peut-être : — au contraire !

Il ne put s'empêcher de sourire et dit :

— Ma femme ne sera-t-elle pas bien étonnée au jugement dernier ?

— Je ne sais pas, lui répondis-je, qui le sera le plus de vous ou d'elle.

Le jaloux fronçait déjà les sourcils, mais sa physionomie redevint sereine quand j'ajoutai :

— Je rends grâce, Monsieur, au hasard qui m'a procuré le plaisir de faire votre connaissance. Sans cette conversation j'aurais certainement développé, moins bien que vous ne l'avez fait, quelques idées qui nous étaient communes. Aussi vous demanderai-je la permission de mettre cet entretien en lumière. Là, où nous avons vu de hautes conceptions politiques, d'autres trouveront peut-être des ironies plus ou moins piquantes, et je passerai pour un habile homme aux yeux des deux partis...

Pendant que j'essayais de remercier le vicomte, (le premier mari, selon mon cœur, que j'eusse rencontré!) il me promenait encore une fois dans ses appartemens, où tout paraissait irréprochable.

J'allais prendre congé de lui, quand, ouvrant la porte d'un petit boudoir, il me le montra d'un air qui semblait dire :

— Y a-t-il moyen de commettre là le moindre désordre que mon œil ne sût reconnaître?

Je répondis à cette muette interrogation par une de ces inclinations de tête que font les convives à leur amphytrion en dégustant un mets distingué.

— Tout mon système, me dit-il à voix basse, m'a été suggéré par trois mots que mon père

entendit prononcer à Napoléon en plein Conseil-d'État, lors de la discussion du divorce.
— *L'adultère*, s'écria-t-il, *est une affaire de
canapé!* Aussi, voyez? J'ai su transformer ces
complices en espions, ajouta le maître des requêtes en me désignant un divan couvert
d'un casimir couleur thé, dont les coussins
étaient légèrement froissés. — Tenez, cette
marque m'apprend que ma femme a eu mal à
la tête et s'est reposée là...

Nous fîmes quelques pas vers le divan, et
nous vîmes le mot — SOT — capricieusement
tracé sur le meuble fatal par quatre

> De ces je ne sais quoi, qu'une amante tira
> Du verger de Cypris, labyrinthe des fées,
> Et qu'un duc autrefois jugea si précieux
> Qu'il voulut l'honorer d'une chevalerie,
>   Illustre et noble confrérie
>   Moins pleine d'hommes que de Dieux!

— Personne dans ma maison n'a les cheveux
noirs!... dit le mari en pâlissant.

Je me sauvai, car je me sentis pris d'une
envie de rire que je n'aurais pas facilement
retenue.

Voilà un homme jugé!... me dis-je. Il n'a fait que préparer d'incroyables plaisirs à sa femme, par toutes les barrières dont il l'a environnée.

Cette idée m'attrista. L'aventure détruisait de fond en comble trois de mes plus importantes méditations ; et l'infaillibilité catholique de mon livre était attaquée dans son essence. J'aurais payé de bien bon cœur la fidélité de la vicomtesse de V***, de la somme dont bien des gens eussent voulu lui acheter une seule faute. Mais je devais éternellement garder mon argent.

En effet, trois jours après, je rencontrai le maître des requêtes au foyer des Italiens. Aussitôt qu'il m'aperçut, il accourut à moi. Poussé par une sorte de pudeur, je cherchais à l'éviter ; mais, me prenant le bras :

— Ah ! je viens de passer trois cruelles journées!... me dit-il à l'oreille. Heureusement, ma femme est peut-être plus innocente qu'un enfant baptisé d'hier....

— Vous m'avez déjà dit que madame la vicomtesse était très-spirituelle.... répliquai-je avec une cruelle bonhomie.

—Oh! ce soir, j'entends volontiers la plaisanterie; car ce matin, j'ai eu des preuves irrécusables de la fidélité de ma femme. Je m'étais levé de très-bonne heure pour achever un travail pressé..... En regardant mon jardin par distraction, j'y vois tout-à-coup le valet de chambre d'un général, dont l'hôtel est voisin du mien, grimper par dessus les murs. La soubrette de ma femme, avançant la tête hors du vestibule, caressait mon chien et protégeait la retraite du galant. Je prends mon lorgnon, je le braque sur le maraud... des cheveux de jais!.. Ah, jamais face de chrétien ne m'a fait plus de plaisir à voir!..... Mais, comme vous devez le croire, dans la journée les treillages ont été arrachés.

—Ainsi, mon cher monsieur, reprit-il, si vous vous mariez, mettez votre chien à la chaîne, et semez des fonds de bouteilles sur tous les chaperons de vos murs....

—Madame la vicomtesse s'est-elle aperçue de vos inquiétudes pendant ces trois jours-ci?........

—Me prenez-vous pour un enfant, dit-il en

haussant les épaules ?...... Jamais de ma vie je n'avais été si gai.

— Vous êtes un grand homme inconnu !.... m'écriai-je, et vous n'êtes pas......

Il ne me laissa pas achever ; car il disparut en apercevant un de ses amis qui lui semblait avoir l'intention d'aller saluer la vicomtesse.

Que pourrions-nous ajouter qui ne serait une fastidieuse paraphrase des enseignemens renfermés dans cette conversation ? Tout y est germe ou fruit.

FIN DU PREMIER VOLUME.

TABLE.

PREMIÈRE PARTIE.

CONSIDÉRATIONS GÉNÉRALES.

DEUXIÈME PARTIE.

DES MOYENS DE DÉFENSE A L'INTÉRIEUR ET A L'EXTÉRIEUR.

FIN DE LA TABLE DU PREMIER VOLUME.

La femme qui, sur le titre de ce livre, serait tentée de l'ouvrir, peut s'en dispenser : elle l'a déjà lu sans le savoir : un homme, tel malicieux qu'il puisse être, ne dira jamais des femmes autant de bien, ni autant de mal qu'elles en pensent elles-mêmes.

Si, malgré cet avis, une femme persistait à lire l'ouvrage, la délicatesse devra lui imposer la loi de ne pas médire de l'auteur; du moment où, se privant des approbations qui flattent le plus les artistes, il a en quelque sorte gravé sur le frontispice de son livre, la prudente inscription mise sur la porte du Muséum d'anatomie comparée : *Les dames n'entrent pas ici.*